MW00592562

PROPERTY OF
NCSU
DEPT. OF FLL

Dieter E. Zimmer

# *Die Wortlupe*

*Beobachtungen am
Deutsch der Gegenwart*

| Hoffmann und Campe |

1. Auflage 2006
Copyright © 2006 by Hoffmann und Campe Verlag, Hamburg
*www.hoca.de*
Einbandgestaltung: Steigenberger Grafikdesign, München
Foto: Cathy Crawford/Corbis
Satz: Dörlemann Satz, Lemförde
Druck und Bindung: Clausen & Bosse, Leck
Printed in Germany
ISBN (10) 3-455-09531-3
ISBN (13) 978-3-455-09531-9

HOFFMANN
UND CAMPE

*Ein Unternehmen der*
GANSKE VERLAGSGRUPPE

In den 111 Sprachglossen dieses Buches geht es nicht um irgendwelche individuellen Sprachschnitzer. Es geht auch nicht um schlechtes Deutsch oder was der Autor dafür hält, es geht überhaupt nicht um Schulmeisterei. Das Buch nimmt vielmehr eine Auswahl für das Gegenwartsdeutsch typischer Ausdrücke und Ausdrucksweisen unter die Lupe – und untersucht, was wir da eigentlich sagen oder verschweigen, wenn wir sie gebrauchen. Es zeigt, dass manche Ausdrücke nicht so unschuldig sind, wie sie tun, dass ein Wort beschönigen, verbrämen, vertuschen, denunzieren, in die Irre führen, uns für dumm verkaufen oder schlicht lügen kann. Die Begriffe, die uns die Sprache mit ihren Wörtern zur Verfügung stellt, sind nämlich oft viel mehr als die kahlen Bedeutungskerne ihrer Wörterbuchdefinitionen. An ihnen haften die Denkzusammenhänge, denen sie entstammen. Sie haben einen Hof von schwer fassbaren Assoziationen um sich. Sie ordnen, beeinflussen und lenken unser Denken, und oft tun sie das fast unmerklich. Sie bestimmen auch, ob wir über eine Sache genauer oder ungenauer denken. Verschwommene Begriffe führen zu unscharfem Denken. Manche Begriffe sind geradezu Einladungen zur Dummheit.

Alle Sprachbeispiele des Buches wurden in den Jahren 1999 bis 2006 aus den Medien gesammelt, vor allem in der Presse, im Hörfunk und im Internet. Es geht also um die aktuelle Mediensprache – und darum, wie sie offen oder unterschwellig das Denken steuert. Dort, wo ihre Suggestionen dem Autor missfallen, ist es rundheraus Sprachkritik.

Damit stellt sich der Autor nicht in Widerspruch zu seinem letzten Buch*, in dem er, im Einklang mit der Mehrheit der Sprachwissenschaftler, eine Menge Vorbehalte gegen die nichtwissenschaftliche, die publizistische Sprachkritik vorgebracht hat. Es meinte nicht sie selbst, sondern nur ihre naiven Anmaßungen. Am Ende lief jenes Buch auf ein Plädoyer hinaus, die Sprache »nicht allein zu lassen«. Die beiden wurden mehr oder weniger gleichzeitig geschrieben, sie gehören zusammen, sie ergänzen sich. Das vorliegende liefert zu den eher theoretischen Überlegungen des anderen praktische Anwendungsbeispiele in Serie.

* Dieter E. Zimmer, *Sprache in Zeiten ihrer Unverbesserlichkeit*. Hamburg: Hoffmann und Campe Verlag, 2005.

## Abbau

*Abbau, Umbau, Rückbau* – die Vorsilbe scheidet gesellschaftliche Lager, mobilisiert oder demobilisiert Menschenmassen. »Das ist nicht der Umbau des Sozialstaats, sondern sein Abbau«, ruft der IG-Metall-Vorsitzende ins Mikrophon, und der DGB-Vorsitzende sekundiert noch volkstümlicher: »Sozialabbau ist Mist.« Die Spruchbänder setzen eins drauf, nennen *Sozialabbau* radikaler und schärfer *Sozialdemontage, Schleifen aller Sozialstandards, Einreißen des Sozialstaats, brutalstmöglichen Sozialabbau, sozialen Kahlschlag, Sozialraubbau, Sozialraub* und die Regierenden entsprechend *wild entschlossene Sozialräuber.*

Solche verbalen Steigerungen hat der Protest einerseits nötig, andererseits schlagen sie dennoch nicht so ein wie erhofft. Das hat seinen Grund. Sie sind schon bei früheren, sehr viel minderen Anlässen ausgiebig zum Zuge gekommen. Darum sind sie in dem Moment, wo es ernst wird, abgenutzt, abgeschlafft und teilweise sogar diskreditiert. So rächen sich die rhetorischen Übertreibungen der Vergangenheit. Wenn eine minimale Leistungsminderung, ja das Ausbleiben einer erwarteten Leistungserhöhung schon *Sozialdemontage* oder *Kahlschlag* genannt wurde, stehen überhaupt keine Wörter mehr zur Verfügung, um die Einschnitte zu bezeichnen, die nötig werden, wenn das ganze Sozialsystem vom Kollaps bedroht ist.

Gibt es überhaupt ein neutrales und damit »richtigeres« Wort für diese Maßnahmen? *Sozialreformen* wäre nicht falsch, aber unter all den anstehenden und »angedachten« Reformen viel zu unspezifisch. Außerdem suggeriert *Reform* immer, dass etwas besser, für den Einzelnen vorteilhafter werden soll, während es hier einstweilen um die Verteilung von Einschränkungen geht, um die Einsammlung von Rechtsansprüchen. Die rot-grüne Regierung bevorzugte den Begriff *Sozialumbau*. Falsch war auch er nicht, suggerierte aber, die Reformen würden leistungsneutral verlaufen. Das Problem aber besteht ja gerade darin, dass die Mittel für das bisherige soziale Umverteilungssystem schon seit längerem nicht mehr aufzubringen sind – aus Gründen übrigens, zu deren Verständnis kein Studium der Volkswirtschaft nötig ist. Jedem, der je ein eigenes Haushaltsbudget managen musste, leuchten sie ein. Es ist ein immer schneller wirbelnder Strudel: Zum einen führen die demographischen Veränderungen (weniger Nachwuchs, höhere Lebenserwartungen der Älteren) dazu, dass immer weniger Arbeitende für immer mehr Nichtarbeitende aufzukommen haben, zum andern werden Arbeitsplätze systematisch wegrationalisiert oder in Niedriglohnländer verlegt, was einerseits bei vielen Produkten eine willkommene Senkung der Preise bewirkt (zu Inlandsbedingungen produzierte Waren könnten wir uns nur in sehr viel geringerem Umfang leisten), andererseits die Menge der Beitragszahler verringert und die der Leistungsempfänger entsprechend erhöht. Jeder *Umbau*, der den Zusammenbruch abwenden soll, muss also entweder Leistungen kürzen oder Abgaben und Arbeitszeit erhöhen oder beides, läuft für die Gesamtheit also auf einen *Abbau* hinaus, auf weniger Geld im Portmonee, auf eine Senkung des Lebensstandards (→*Eigenver-antwortung*). Wessen Standard um wie viel sinken soll – das ist die *Gerechtigkeitsfrage*, und die steht auf einem anderen Blatt (→*Gleichheit*). Aber es hilft keine verbale Kosmetik, am Ende steht bei jedem ein Minus, über das er sich keinen Illusionen mehr hingeben kann.

Dennoch ist *Abbau* kein fairer Begriff, denn das Ziel der Umstrukturierung ist ja erklärtermaßen und glaubhafterweise nicht die Beseitigung des Sozialsystems, sondern seine Erhaltung, wenn auch notgedrungen auf niedrigerem Niveau. Vielleicht wäre *Sozialrückbau* akzeptabler, weil das Wort zwar die Richtung andeutet, aber offen lässt, wie weit zurück es gehen soll. Noch besser wäre *Justierung* oder *Neujustierung*. Aber man sieht sofort, es hat wenig Chancen, gerade weil sich damit keinerlei polemisches Feuer entfachen lässt.

Ein realistisches, unwiderstehlich treffendes und doch maßvolles Wort fehlt also leider immer noch. Unsere Sprache nötigt uns zum Denken in krassen Gegensätzen, Schwarz-oder-Weiß, Licht-oder-Schatten, Dafür-oder-Dagegen, Aufbau-oder-Abbau. Für die Zone dazwischen, in der sich das Leben meistens abspielt, ist sie schlecht gerüstet, und die Medien, die sich dem Zwang zur Pointierung unterworfen haben, kommen ihr nicht zu Hilfe, sondern spitzen ihre Übertreibungen systematisch weiter zu. Die kompliziertesten und ambivalentesten Zusammenhänge werden auf holzschnitthafte Schwarz-Weiß-Formeln reduziert und mit so hyperbolischen wie ausgeleierten Wortkrachern benannt. Eine Meinungsverschiedenheit wird zum *Krach*, zum *Knatsch*, zum *Zoff*, zum *Streit*, zum *Kampf* oder gar zum *Krieg*, ein Missfallen zur *Wut*, eine freudige Regung zur

*Euphorie*, eine Verminderung zum *Sturz ins Bodenlose*, ein Unglück zur *Katastrophe*, etwas Deutliches zu etwas *Dramatischem*, ein erfreulicher unerwarteter Vorfall zur *Sensation*, ein unerfreulicher zum *Schock*, ein unvergessener *Schock* zum *Trauma*, ein fragwürdiges Vorkommnis zur *Affäre*, eine Affäre zum *Skandal*. Der Einzelne mag noch so differenziert denken: Sobald er seine Gedanken festhalten und ausdrücken will, stehen ihm nur die holzschnitthaften Gegensatzpaare des geläufigen Wortschatzes zur Verfügung. Die Begriffsarmut in der Zone der Grautöne wächst sich zu einem Problem für die Demokratie aus.

## abholen

Dass jeder, der zu anderen spricht oder für andere schreibt, gut daran tut, sich auf sie einzustellen, ist selbstverständlich. Wenn diese Selbstverständlichkeit mit einem eigenen, in diesem Sinne neuen Wort bezeichnet wird, muss mehr dahinter stecken. Das Wort lautet *abholen*. »Es gilt, die Menschen abzuholen, wo sie sind«, versichert ein Gemeindeblatt, und es meint keinen Fahrdienst zum sonntäglichen Gottesdienst. »Moderne Zielgruppen-Publizistik muss die Menschen abholen, nicht umgekehrt«, empfiehlt ein Journalistenleitfaden. Er meint damit nicht nur, ein Journalist sollte möglichst nicht über die Köpfe seiner angenommenen Leser hinweg- oder an ihnen vorbeischreiben, sondern versucht, eine bestimmte stilistische Attitüde zur Norm zu erheben. Es ist die Attitüde der krampfhaften Anbiederung, hinter der die Sorge um schrumpfende Quoten und Leserzahlen steht.

Dieser imperativen *Abhol*-Attitüde haben wir es zu verdanken, dass ein Artikel über ein Thema der medizinischen

Forschung, der Psychologie oder der Pharmakologie heute nicht etwa mit einem Satz wie diesem beginnen darf: »Eine Forschergruppe an der Hautklinik der Universität Tübingen hat ein Bildanalyseprogramm entwickelt, mit dem sich gut- von bösartigen Pigmentmalen unterscheiden lassen.« Heute beginnt man den Artikel so: »Waltraut M. (Name der Redaktion bekannt), 53, runzelte die Stirn. Sie sah besorgt auf die dunklen Pickelchen an ihrem Unterarm …«

Waltraut M. und alle, von denen der Autor meint, sie würden sich sogleich mit ihr identifizieren, werden hier gerade *abgeholt*. Nur um sie *abzuholen*, wurde dieser persönliche Einstieg gewählt, der eine persönliche Story verspricht, eine fiktive im Übrigen, denn Waltraut ist wahrscheinlich frei erfunden, und kein Reporter hat sie je beim Runzeln ihrer Stirn beobachtet. Es ist eine Story aus jedermanns unmittelbarem Alltag. Waltraut wird in einer Situation vorgeführt, in der sich jede Leserin gelegentlich befindet. So besagt der Anfang: Pass mal auf, es geht hier um dich, um dich und ganz besonders um dich; du wirst hier mit nichts behelligt, was dir fremd ist. Bloß keine langen Artikel. Bloß keine langen Sätze. Bloß keine Wörter, die nicht jeder auf Anhieb versteht. Alles mundgerecht zubereitet. Bloß keine Sachverhalte, die dem hypothetischen Leser fremd sind. Bloß nichts, was seinen alltäglichen Erfahrungshorizont überschreitet. Wissenschaft verwandelt bestenfalls in »Lebenshilfe«, schlimmstenfalls in Klatsch. Wenn unbedingt von dem wissenschaftlichen Gegenstand die Rede sein muss, von dem der betreffende Artikel zu handeln vorgibt, dann dürfen allenfalls irgendwelche »Botenstoffe« irgendwelches »Eiweiß« würzen, und Waltraut M. darf an ihr letztes Rührei denken. Niemand läuft also

Gefahr, zu erfahren, was jene Forschergruppe tatsächlich entwickelt hat und warum.

Und ist das nicht die einzige Möglichkeit, ein Quentchen Aufmerksamkeit auf den Gegenstand des Artikels zu lenken? Vielleicht. Aber der Abholdienst am Leser als publizistische Doktrin hat auch Nachteile. Manche Leser werden sich unterfordert und für dumm verkauft fühlen. Da sie selbständig denken, möchten sie alles, aber nicht dauernd von zu Hause *abgeholt* werden. Ein Blick über den eigenen Kragenrand hinaus wäre für sie keine Zumutung, sondern willkommen.

Die Doktrin erzeugt eine stilistische Konformität bis zur Langeweile. Sie verführt zu der Meinung, alles von Belang sei auch ganz ohne Neugier zu haben. Sie stärkt die Illusion, der Mensch habe ein natürliches Recht, sich nicht anzustrengen. Sie unterstützt die Borniertheit.

## Amerikanisch

Man frage einen Amerikaner, welche Sprache er spreche. Er wird meinen, man wolle sich über ihn lustig machen, einen indigniert ansehen und genervt so etwas wie »English, stupid!« murmeln – Englisch natürlich, du Dussel! Aber ungezählte deutsche Übersetzer, Verlage, Lektorate, Redaktionen wollen es besser wissen und versehen jeden Text US-amerikanischer Herkunft automatisch mit dem Vermerk *Aus dem Amerikanischen*. Er klingt besonders genau, hat aber den dummen Fehler, dass es dieses *Amerikanisch* nicht gibt. Selbständige Sprachen sind wechselseitig unverständlich und müssen ineinander übersetzt werden; amerikanisches und britisches Englisch aber haben keinen Dolmetscher nötig.

Eine Sprache ist ein Symbolsystem mit eigener Grammatik, eigener Lautung, eigenem Wortschatz und eigener Idiomatik. Wechselseitig verständliche regionale Varianten einer Sprache heißen Dialekte. Was Briten und Nordamerikaner sprechen, sind Dialekte ein und derselben Sprache, und die heißt Englisch. Objektiv lässt sich die genaue Grenze zwischen Dialekt und Sprache nicht bestimmen. Immer kann man fragen, ob die Unterschiede zwischen zwei Dialekten nicht so erheblich sind, dass es doch angebracht wäre, sie als zwei verschiedene Sprachen zu betrachten. Wer sein Hochdeutsch in ein bayerisches Bergdorf mitbringt, hat entschieden den Eindruck, in ein anderes Sprachgebiet geraten zu sein und einen Dolmetscher nötig zu haben. Aber nicht einmal auf diese Unschärfe kann sich der Vermerk *Aus dem Amerikanischen* berufen. Die Unterschiede zwischen dem amerikanischen und dem britischen Standardenglisch sind geringer als die Unterschiede zwischen den regionalen oder sozialen Varianten der beiden Dialekte. Ein Bostoner hat größere Mühe, sich mit einem Texaner zu unterhalten als mit einem Oxforder, und diesem ist der heimische Cockney-Soziolekt fremder als das Bostoner Englisch.

Ein Übersetzungsvermerk soll die Sprache nennen, aus der etwas übersetzt ist, nicht den Staat oder Kontinent, in dem der Autor lebt oder seine Muttersprache gelernt hat. Unter den fünf- bis sechstausend Sprachen der Welt gibt es keine, die *Amerikanisch* heißt, und so sehen das auch die Amerikaner selbst.

### anal

Da liest man im Literaturteil der Zeitung wohlgefällig
vor sich hin, und plötzlich schreckt einen der Satz auf:
»Man hat es beim Lesen ziemlich schnell satt, sich diesen
analen (Männer-)Quatsch eines hochbegabten Autors
anzuhören.«

Nanu? *Anal*? Schlag nach im *Pschyrembel*. »*Anal*: s.a. Af-
ter-. After m: s. Anus. Anus (lat Ring) m: After; Abschluss-
organ des Darmrohrs.« Also handelte der *Quatsch* des hochbegabten Autors vom Darmrohrabschlussorgan? Aber ist
das Darmende bei Männern anders beschaffen als bei
Frauen? Sollte der *anale Quatsch* vielleicht nur eine preziöse
Umschreibung für *Scheiß* gewesen sein?

»Nun tun Sie mal nicht so. Sie wissen doch, wie das gemeint war.« Ja, weiß ich, nur zu genau. *Anal* heißt in der
Psychoanalyse jene »psychosexuelle« Entwicklungsphase,
in der das Kleinkind angeblich sexuelle Wollust aus dem
Darmrohrabschlussorgan gewinnt. Und diese Lust soll
manchmal irgendwie – ›irgendwie‹ ist hier das treffende
Wort – einen irgendwie zwanghaften Charakter hinterlas-
sen. Also war »zwanghafter (Männer-)Quatsch« gemeint?
Möglich, etwas in der Art; aber bis ich es begreife, muss
ich wieder einmal die halbe freudianische Mystik gekauft
haben.

### Anführungszeichen

Anführungszeichen um wörtliche Rede sind wie ein Rahmen, kein goldener, aber ein Rahmen immerhin. Der Leser erwartet etwas Rahmenswertes zwischen ihnen: eine
besonders wichtige Auskunft, bei der es auf den exakten
Wortlaut ankommt, eine besonders originelle oder verrä-

terische Formulierung. Irgendein Umstand sollte vorliegen, der dem Journalisten gebietet, seinem Informanten das Wort zu lassen. Wenn kein solcher Umstand in Sicht ist, distanzieren und ironisieren die Anführungsstriche. Ein »Journalist« ist gar keiner, sondern ein Hochstapler.

Wenn sich Klaus Töpfer anfangs bei seiner UN-Behörde in Nairobi fremd gefühlt hat, kann sein Porträtist nicht gut schreiben, er habe *gefremdelt*; das lässt er besser Töpfer selber sagen. Doch wie steht es mit dem *massiven Exodus* aus dem Business, den ein Restaurantbesitzer vorhersagt? Nun, vielleicht war es ja eine einmalig spritzige Formulierung für einen verzagten Erlebnisgastronomen. Aber nun dies: »›Wir wollen eine Spitzenposition auf dem deutschen Markt einnehmen‹, beschreibt [der Chef] die neue Strategie. ›In Deutschland und Frankreich gehen wir an den Start‹, ergänzt [der Vizechef].« Zwei kostbare Rahmen, beide nahezu leer, und dem Leser teilt sich der Eindruck eines Deppendialogs mit.

Im Frühjahr 2003 stand im »Spiegel« ein »Artikel« über die »Plünderung« des »Nationalmuseums« in »Bagdad«, die sich, wie sich später herausstellte, so dann doch nicht zugetragen hatte. Es hieß darin: »›Mehrere hundert Menschen‹ seien durch das Gebäude gestromert, berichtet der Museumsarchäologe ... Am Ende, so ein Augenzeuge, ›zogen sogar Frauen und Kinder durch die verwüsteten Säle‹ ... ›5000 Jahre Zivilisationsgeschichte wurden zertrampelt‹, meint der Berliner Orientalist. ›Ich bin wütend.‹ ... Es sind etwa 6000 Tontafeln, die der Forscher mit ›Bahlsenkeksen‹ vergleicht. ›Im Regen lösen sie sich auf.‹ ... Rote Listen der gestohlenen Artefakte sollen möglichst bald an ›Sammler, Händler und Auktionshäuser‹ weitergegeben werden ... ›Wahnsinn‹, lamentiert der DAI-Orientale ... ›Geniale Erfinder‹ nennt [er] die Sumerer.«

Mit dem lamentierenden *DAI-Orientalen* war übrigens ein Orientalist des Deutschen Archäologischen Instituts gemeint, aber das ist ein anderes Kapitel.

## *anscheinend*

Der Unterschied zwischen *anscheinend* und *scheinbar* gilt manchen Linguisten als einer der öden Ladenhüter, mit denen die öffentliche Sprachkritik seit Gustav Wustmanns *Sprachdummheiten*, erstmals erschienen 1891, ihren Mitmenschen auf die Nerven fällt. Immer wieder haben Sprachkritiker auf ihn gepocht, und es hat wenig genützt, die beiden Wörter werden noch immer verwechselt. Nur hin und wieder hat sich ein Sprachwissenschaftler für ihn stark gemacht, etwa Willy Sanders, der ihn für sprachökonomisch und kommunikativ sinnvoll erklärte.

Das ist er in der Tat. Wer die semantische Differenz nicht beachtet, kann Sätze mit *anscheinend* oder *scheinbar* nicht richtig verstehen, und selber kann er den Unterschied nicht ausdrücken. Weil wir durch die Sprache hindurch auf den Gedanken schließen können, der hinter einem Satz gestanden hat, weil wir alle Umstände berücksichtigen, aus denen er hervorgegangen ist, merken wir es, wenn ein Satz wie *Er ist ihr scheinbar gleichgültig* gar nicht sagen soll, was er sagt, nämlich dass ihre Gleichgültigkeit nur vorgetäuscht sei, und verstehen schon recht: dass er ihr *anscheinend* tatsächlich gleichgültig ist.

Nicht nur jene beiden, auch all die anderen Adverbien, mit denen die Gewissheit einer Aussage qualifiziert werden kann, sind in der Sprache der Medien von größter Wichtigkeit. Sie sind sozusagen der laufende Indikator für den Gewissheitsstatus der sich überschlagenden Nachrichten. Manche Sprachen besitzen obligate Flexionsformen, um den Gewissheitsstatus einer Aussage auszudrücken, sogenannte Evidenziale; das Deutsche stellt zum gleichen Zwecke eine Palette von Evidenzialadverbien bereit: *vermeintlich, scheinbar, vorgeblich, angeblich, vielleicht, eventuell, womöglich, möglicherweise, eher, wohl, vermutlich, mutmaßlich, voraussichtlich, wahrscheinlich, höchstwahrscheinlich, gewiss, anscheinend, augenscheinlich, offenbar, offensichtlich, bestimmt, zweifellos, zweifelsfrei* – es ist eine fein abgestufte Serie zunehmender Gewissheitsgrade, die sich das Deutsche aus gutem Grund zugelegt hat. Wenn sich Sprecher und Hörer nicht mehr auf die semantischen Unterschiede zwischen ihnen verlassen können, breitet sich ein flirrender Nebel um die gerade in Rede stehende Wirklichkeit, in dem Tatsache, Behauptung und Gerücht, Schein und Sein unentwirrbar ineinander verfließen.

In den Medien wimmelt es von falschen Evidenzialadverbien. »Die USA haben offensichtlich sieben Gefangene von Guantanamo an Frankreich übergeben«, meldet das Info-Radio, wo nach Lage der Dinge allenfalls *dem Vernehmen nach* angezeigt gewesen wäre, denn vor aller Augen fand die Übergabe nicht statt. »Offensichtlich kommen die Flüchtlinge nicht aus Dafur, sondern aus Nigeria«: Aus dem Zusammenhang wird klar, dass dieser Sachverhalt alles andere als *offensichtlich* ist und das richtige Wort *möglicherweise* gewesen wäre. »Es gibt augenscheinlich mehr Beweise über die Existenz Außerirdischer, als ausreichend wären, einen Straftäter vor Gericht zu überführen«: Hier vertritt *augenscheinlich* ein *meiner Meinung nach* und hat nur den Zweck, dem Satz eine falsche Gewissheit einzuhauchen. (Außerdem ist das *über* hier die falsche →Präposition.) »Vorgeblich innovative Produkte sollen mit geringeren Preisabschlägen belegt werden«, meldet der *Spiegel* – und schmuggelt mit dem *vorgeblich* in die Meldung die Unterstellung ein, die Pharmaindustrie gäbe ihre Produkte fälschlich als innovativ aus.

Geradezu gemeingefährlich kann ein falsches *vermeintlich* werden. Wenn in einem Beitrag über das relative Risiko einer Pockenepidemie formulierungsfaul von der »vermeintlichen Gefährdung durch Pockenviren« die Rede ist, erklärt das falsche Wort die Gefahr ungewollt zu einem bloßen Hirngespinst.

## Anschlüsse

Aussagen wollen miteinander verknüpft werden, und wo die Medien Verknüpfungen en masse produzieren müssen, greifen sie immer wieder zu den falschen. »Heide Simonis ist gescheitert, *doch* Schleswig-Holstein hat noch längst keinen neuen Ministerpräsidenten« – als folgte aus Simonis' Abstimmungsniederlage unmittelbar ein neuer Ministerpräsident, und die Nachricht wäre die, dass der merkwürdigerweise noch nicht gefunden ist. »Laut Trittin müsse die EU-Richtlinie umgesetzt werden. *Schon gar nicht* gäbe es einen Anlass, über Sonntagsfahrverbote nachzudenken« – als wäre das eine Richtlinie, die Sonntagsfahrverbote automatisch überflüssig macht. Der Dichter und Kulturminister Johannes R. Becher verbot »die eigenen frühen, *weil* expressionistischen Gedichte«, wie es im Feuilleton der *Zeit* stand – aber diese Gedichte waren nicht früh, *weil* sie expressionistisch waren; allenfalls waren sie expressionistisch, *weil* sie früh waren, und gesagt werden sollte nur, dass Becher seine eigenen frühen Gedichte verbot, weil *er* sie für expressionistisch hielt. »Nicht weniger als achthunderttausend Menschen leiden in Deutschland an Schizophrenie, *aber* die Behandlung ist schwierig«, weiß das ZDF zu melden – als wäre eigentlich zu erwarten, dass die Behandlung einer Krankheit umso leichter ist, je mehr Menschen daran leiden. Das *aber* drückt einen Widerspruch aus, von dem in vielen Folgesätzen, die mit *aber* anheben, nichts zu merken ist. »Die Luft ist kühl, *aber* es dunkelt, *und schon gar nicht* ruhig fließet der Rhein«, dichtete Heine eben nicht.

Was zeigen die falschen Anschlüsse? Dass der Autor seine eigenen Gedanken nicht richtig interpretiert hat. Oder dass ein eigener Gedanke gar nicht vorhanden war und das logisch unpassende Bindeglied als Fertigteil gedankenlos in einen von anderen vorformulierten Satz montiert wurde.

## *Ansprechpartner*

Er wolle, sagte Johannes Rau, als er gerade zum Bundespräsidenten gewählt worden war, »Ansprechpartner aller Menschen sein, die ohne einen deutschen Pass bei uns leben und arbeiten«. Aller! *Ansprechpartner*! Das Wort kam in den siebziger Jahren auf (der älteste Beleg in den Wörtersammlungen des Instituts für deutsche Sprache stammt von 1974) und ist Teil der Großaktion SSW (Sprachliche Schönung der Welt). Wo man vordem in den großen Behörden, Verbänden, Firmen frostige *Sachbearbeiter* oder allenfalls *Kontaktpersonen* vorgefunden hatte, wartete nun der freudige *Ansprechpartner*. Definition: der Mitarbeiter, der gerade nicht da ist. Ein Partner – ob ein *Geschäftspartner* oder der *Lebenspartner* – war immer einer gewesen, mit dem ich gemeinsame Sache mache. Jetzt ernannte sich der,

der am andern Ende des Strangs zieht, dreist selber zu meinem *Partner*. Die Reparaturrechnungen schreibt mir jetzt *Ihr Servicepartner*.

Rau sei Dank, dass er das schon etwas eingeschlafene Gefühl für die Absurdität des Wortes damals ein wenig aufgefrischt hat. Der ansprechwilligen passlosen Ausländer wird sich das Bundespräsidialamt auch unter seiner Ägide zu erwehren gewusst haben. Gut eignet sich für solche Fälle immer der Drahtverhau der Telefonie: »Wenn Sie … dann drücken Sie die 3! … jetzt die 37 … Blablabla. Wir danken für Ihren Anruf! Wir sind immer für Sie da! Ihr Ansprechpartner.«

## ausschließen

*Ausschließen* ist zu einer Lieblingsvokabel der Medien und der Politiker geworden. »Wir schließen nicht aus, dass der Dax bis zum Jahresende auf die 4000er-Marke klettert.« – »Der russische Außenminister schließt ein Veto nicht aus.« – »Die Gouverneurin von Florida schloss nicht aus, dass weitere Opfer des Hurricans gefunden werden.«

Früher kam das Wort fast nur in der Wendung *nicht ausschließen können, dass …* vor, und ihr sah man den inneren Kampf des Sprechers förmlich an. Er hatte mit aller Kraft dagegen angedacht und musste am Ende kleinlaut einräumen, dass das Befürchtete dennoch eintreten könne. *Nicht ausschließen können* bedeutete also *widerstrebend für möglich halten*. Wenn der Verteidigungsminister kurz vor dem Ablauf des amerikanischen Irak-Ultimatums *einen Einsatz militärischer Mittel nicht ausschließen* konnte, wollte er nur sagen, dass er ihn für möglich hielt und selber daran leider nichts ändern könne. Das Nicht-ausschließen-Können bezog sich auf sein eigenes logisches Denken, nicht etwa auf den Krieg, den man durch eigenes logisches Schließen nicht verhindern kann.

Oder kann man etwa doch? Zunehmend gebrauchen Entscheidungsträger das *ausschließen* ohne *nicht*. Es macht sie scheinbar zu Herren der Weltlage. Sie erwägen nicht mehr nur Möglichkeiten, sie bestimmen, was Sache sein soll, und es kostet sie gar nichts. »Der Chef der Bundesanstalt für Arbeit schließt eine Verringerung der Arbeitslosigkeit im kommenden Herbst aus« – als setzte er selber die Zahl der Arbeitslosen fest. »Die Sozialministerin schloss eine Rentenkürzung aus« heißt nicht nur, dass sie Rentenkürzungen für unwahrscheinlich hält, sondern dass sie sie persönlich verhindern werde. So wird, allein durch ein wenig sprachliche Kosmetik, noch aus der Machtlosigkeit eine Geste der Macht – oder deren Anschein.

### automobil

Rund ums liebe Auto hat sich eine spezielle Sprache ausgebildet, die vor allem einen Zweck verfolgt: zu renommieren, anzugeben. In ihr wird der *Motor* zum *Aggregat* oder *Kraftwerk*, der Zylinder familiär-ironisch zum *Topf*, der Fahrersitz zum *Cockpit*, der Autofahrer zum *Automobilisten*, der Rennfahrer zum *Piloten*, und wenn es schnell ist, ist das Fahrzeug ein *Bolid* (also ein Meteor); wenn nicht, kann es immerhin noch eine *automobile Preziose* sein. Die *automobile Preziose* beschert ihrem *Piloten* in seinem *Cockpit* mit ihrer *bissigen Dynamik* einen *reinrassigen Fahrgenuss*. Seine »Klangkulisse – ein Konzert aus Schlürfen, Fauchen und Grollen – eignet sich problemlos dazu, das Blut eines jeden Automobilisten zum Kochen zu bringen«. Zum Glück ist diese

Renommiersprache in den Fachmedien noch oft mit einem Hauch Ironie versetzt: »Aus 5,7 Liter Hubraum, verteilt auf acht Töpfe, [werden] 340 PS freigesetzt, die machen dem zwei Tonnen wiegenden Koloss Beine. Vorne bäumt sich der Bug auf bis nach Arizona, hinten verbeißen sich die 18-Zoll-Räder in den Asphalt, dazwischen sitzt der Fahrer und registriert, dass nach 7 Sekunden die 100 km/h-Marke passiert wurde …« (*Frankfurter Allgemeine Sonntagszeitung* im April 2005).

Zu einem wichtigen Begriff müssen sich Ableitungen bilden lassen. Vor allem braucht er ein Adjektiv. Es dauerte Jahrzehnte, bis dem Wort *Medium*, das in seinem jetzigen Hauptsinn erst Anfang der siebziger Jahre aufkam, recht und schlecht das Adjektiv *medial* hinzugebildet war, das bis dahin ein anatomisches Fachwort gewesen war (›zur Mittellinie des Körpers hin gelegen‹); seitdem lässt sich von *medialer Berieselung* oder *medialer Unterschicht* sprechen. *Auto*, als eine Verkürzung von *Automobil*, hatte es leichter. Es hatte das Adjektiv schon in sich: *mobil*, ›beweglich‹. Das *Automobil* ist das ›Selbstbewegliche‹. Damit ließ sich ein Altwagen nunmehr als *automobiler Klassiker* oder *automobiler Mythos* bezeichnen, ein Restexemplar als *automobiles Einzelstück*. So weit, so gut.

In vielen Wendungen mit dem Adjektiv *automobil* aber geht es nicht so glatt. Da beißt sich der Wortsinn ›selbstbeweglich‹ mit dem intendierten Sinn ›in Bezug aufs Auto‹. Einen *automobilen* – nämlich ›selbstweglichen‹ – *Marktplatz*, ein *automobiles Internet*, einen *automobilen Entstehungsprozess* kann es streng genommen nicht geben. Natürlich lässt sich kein Wort für alle Zeiten auf die Bedeutung festnageln, die es einmal hatte; unverrückbare Urbedeutungen gibt es nicht. Sie kann sich verschieben oder ausweiten, bis der einstige Wortsinn völlig in Vergessenheit gerät. Bei dem Adjektiv *automobil* ist dieser Prozess weit fortgeschritten. Aber gänzlich vergessen ist die ursprüngliche Bedeutung noch nicht, und wer sie kennt, kann nicht umhin, es für einen Scherz zu halten, wenn die Firma DaimlerChrysler in ihrer »automobilen« Renommiersprache die Kfz-Finanzierung als »die Finanzierung *automobiler Beweglichkeit*« bezeichnet.

Das lateinische *mobilis* ›beweglich‹ war ein Glücksfall auch darum, weil sich dazu neben dem Abstraktum *Automobilismus* (›Kraftverkehrswesen‹) das noch abstraktere Substantiv *Mobilität* bilden lässt. Erst war das *Automobil*, dann der *Automobilist* und der *Automobilismus*, dann das *Auto*, dann das *automobile Fahrzeug*, dann die *automobile Leidenschaft* und schließlich die *Mobilität* und die *Automobilität*. Mit dem Abstraktum *Mobilität* ließ sich der Kraftfahrzeugverkehr zu einem Wert an sich erheben, fast auf einer Höhe mit Freiheit oder Gerechtigkeit oder Menschenwürde. Ob der banale *Autoverkehr* irgendwo eingeschränkt werden sollte, darf jeder Kommunalpolitiker überlegen. Die hehre *Mobilität* oder *Automobilität* aber ist unantastbar.

Wem diese Fetischisierung durch sprachliche Überhöhung nicht passt, kann sich immerhin mit einem wahren Satz revanchieren: »Vor lauter Automobilität blieben heute Tausende in einem Stau stecken.«

## bedingungslos

In der mittelalterlichen Scholastik, in den Urgründen der Sprachphilosophie, stritten zwei Denkrichtungen aufs spitzfindigste miteinander. Die eine, Realismus genannt, hielt die Allgemeinbegriffe (die sie als Universalien bezeichnete) für die eigentlich realen Gegebenheiten, von Gott zusammen mit den Einzeldingen der Natur geschaffen. Der biblischen Schöpfungsgeschichte zufolge schuf Gott sogar das Wort – wohl zu verstehen als den Begriff, die geistige Kategorie – als Allererstes und dann erst die Dinge. So wäre die Existenz des Begriffes ›schwarz‹ zum Beispiel der Grund dafür, dass manche Dinge schwarz sind. Die andere Seite, der Nominalismus, war hingegen der Ansicht, Realität hätten nur die Einzeldinge selbst, und die Begriffe seien nichts als Namen, vom menschlichen Intellekt durch Erfahrung und Nachdenken geschaffen und den Dingen angehängt. Die Meinungsverschiedenheit endete nach vier Jahrhunderten mit einer Kompromissformel, fand aber ein spätes Echo in dem Streit, der zu dem längsten und verheerendsten Krieg in Mitteleuropa den Vorwand lieferte: ob Brot und Wein beim Abendmahl der Leib des Herrn *sind* oder ihn nur *bedeuten*.

Der unrealistische Realismus ist seit Jahrhunderten tot. Wir alle sind heute Nominalisten. Begriffe sind Gedankengebilde, sind Ordnungsversuche des Gehirns und haben nur als solche Realität. Trotzdem hat die medienbestimmte moderne Gesellschaft eine sonderbare neue Spielart des Begriffsrealismus hervorgebracht, einen Wortfetischismus.

Viele Medien liegen heute auf der Lauer, um jeden, der sich je in ihre Lichtkegel begeben hat, irgendeiner Schändlichkeit zu überführen und dann »Skandal!« rufen zu können. Skandale machen sich bezahlt. Sie sind die Ware, die die Medien am sachverständigsten produzieren und am leichtesten verkaufen können. Der Stoff jedoch, aus dem sie sich gewinnen lassen, ist knapp. Also werden die Mächtigen und Prominenten dieser Welt belauscht, um in ihrer Rede etwas zu entdecken, worüber die Leute sich möglicherweise eine Weile aufregen könnten. Oft findet man nur vereinzelte Wörter oder Sätze. Auf die stürzt man sich dann, löst sie aus ihrem Zusammenhang, hält sie hoch, gibt sie dem Gespött oder der Empörung preis, so als stecke in ihnen und nicht in dem Denkzusammenhang, aus dem sie stammen und in dem sie benutzt wurden, eine wahrere Realität, die eigentliche. Kurz, sie werden auf eine Weise wörtlich genommen, die ihren Urhebern vermutlich nie in den Sinn gekommen war und allen im Alltag geltenden Regeln der sprachlichen Kommunikation widerspricht. In der Alltagskommunikation sind und bleiben wir darauf angewiesen, uns nicht allzu wörtlich zu nehmen.

Der ehemalige SPD-Vorsitzende Franz Müntefering erlebte diesen neuen Wortfetischismus, als er Finanzjongleure mit →Heuschrecken verglich, aber auch schon gleich nach seiner Wahl, als er scherzte, sein neues Amt, das er unwillig angetreten hatte, sei »das schönste neben dem Papst«. Wochen-, monatelang, sogar noch, als er es unerwartet von einem Tag auf den anderen aufgab, musste er sich diese Bemerkung entgegenhalten lassen als Beweis dafür, dass er in die mit dem Posten verbundene Macht verliebt sei. Bundeskanzler Schröder wurde als Beleg für seine hemmungslose Machtgier unentwegt das »Ich will hier rein!« vorgehalten, das er Anfang der achtziger Jahre in einer Schar beschickerter Jusos nach einem Abend in der linken Bonner Kneipe ›Provinz‹ gerufen haben soll, als sie am Kanzleramt vorbeikamen und an dessen Gitter rüttelten. Die Anekdote war vielleicht nur eine *urban legend*; wenn aber nicht, dürfte der Vorfall eher eine feuchte Laune als ein

Zeichen langfristig kalkulierender Machtgelüste gewesen sein.

Einen ernsteren Fall von Begriffsfetischismus erlebte Schröder, als er nach dem 11.11. von der »bedingungslosen Solidarität« zu den Vereinigten Staaten sprach. Als Medienprofi hätte er natürlich die Konsequenzen seiner Wortwahl vorhersehen müssen; aber die Medien ihrerseits hätten ihm nachsehen müssen, dass er es in einem Augenblick des Entsetzens wie diesem nicht tat. Die *bedingungslose Solidarität* dürfte er nur so gemeint haben, wie man die Wendung in den Zusammenhängen des Alltags gebrauchen würde, als einen Ausdruck der Emphase: ›tiefstes Mitgefühl‹, ›ungeteiltes Beileid‹. Also etwa: »In einem solchen Moment will ich alle etwaigen Differenzen mit den Vereinigten Staaten hintanstellen und sie meines uneingeschränkten Mitgefühls versichern.« Das jedenfalls war der Denk- und Gefühlszusammenhang, aus dem der Satz kam. Aber dann wurde das Wort *bedingungslos* herausgelöst und zur Empörung hochgehalten, wochenlang, monatelang, jahrelang, als habe er damit die förmliche Zusage abgegeben, mit Amerika in jeden Krieg zu ziehen, und Schröder musste jede diplomatische Klugheit hintanstellen, um dieses *bedingungslos* wieder loszuwerden. Ganze Politikerkarrieren schrumpfen heute nachträglich auf ein paar Worte zusammen, die sie bei irgendwelchen Gelegenheiten geäußert haben und die bei den Medien griffbereit archiviert sind. John F. Kennedy? »Ich bin ein Berliner.« Bundespräsident Herzog? Das war doch der Mann mit dem *Ruck*. Im Falle Schröder: *Ich will hier rein, basta!, bedingungslose Solidarität, Mit meiner Partei wird sie keine Koalition hinkriegen.*

So wird heute mit Begriffsfetischismus Politik gemacht.

## Begrifflichkeit

»Bush hat Freiheit und Demokratie versprochen, aber oftmals wird unter solchen Begrifflichkeiten etwas anderes verstanden«, »so« der Deutschlandfunk. »›Durchregieren‹ – das ist die Begrifflichkeit von Frau Merkel« (ein Gewerkschaftsfunktionär). Vielerorts begegnet einem diese *Begrifflichkeit*.

Aber was ist eine *Begrifflichkeit*? »Das Begrifflichsein«, raunt der Große Duden, während der kleine ahnungslos schweigt. *Begrifflichkeit* muss wohl ein Begriff sein, der schwer zu begreifen ist.

Wo die *unklare Begrifflichkeit* eines Gesetzes gerügt wird, da bedeutet diese etwas, und es muss einem nicht erst erklärt werden, was: dass das Gesetz mit unklaren Begriffen hantiert, dass es ihm auf der Begriffsebene an Deutlichkeit mangelt. Selbst wo mit *Begrifflichkeit(en)* nichts anderes als Stichwortverzeichnisse mit Begriffserklärungen gemeint sind und es genauso gut »Terminologische Erläuterungen« heißen könnte, lässt sich das nachvollziehen. Es ist zwar etwas albern, aber kein glatter Unfug.

›Freiheit‹ und ›Demokratie‹ jedoch sind auch bei größtem Entgegenkommen keine *Begrifflichkeiten* und kein Begrifflichsein, sondern schlicht zwei *Begriffe*. Auf die gleiche Weise aufgeblasen ist der Satz »Wir brauchen für die Gleichstellung eine neue Gesetzlichkeit« – nicht eine *neue Gesetzlichkeit* wird da verlangt, sondern nur neue Gesetze.

Warum ein falsches und obendrein unverständliches Wort an dieser Stelle? Ich schätze: Wichtigtuerei. *Begriffe* und *Gesetze* hätte dem Kommentator wahrscheinlich zu einfältig geklungen – so könnte das ja jeder sagen. Und der Plural ist doch auch immer imposanter als der Singular

(→*Surrealitäten*). Am Anfang waren halt die Wörtlichkeiten, und die Wörtlichkeiten waren bei Gott, und Gott war die Wörtlichkeiten, Amen.

## die Bestellung des Sekretärs des Rates

Warum dulden Sätze wie dieser, geschrieben von einem Bundesverteidigungsminister oder seinem Pressebüro, einerseits keinen Widerspruch, gehen aber andererseits zum einen Ohr rein und unter Umgehung des Gehirns zum andern wieder raus? »Dazu gehört die Bestellung des Generalsekretärs des Rates und Hohen Vertreters für die Gemeinsame Außen- und Sicherheitspolitik (Gasp) wie auch die Errichtung eines Instruments zur frühzeitigen Krisenerkennung der ihm unterstellten Strategieplanungs- und Frühwarneinheit.« Ich vermute, das kommunikatorische Fiasko solcher Sätze kommt unter anderem daher, dass sie jedes syntaktische Gleichgewicht vermissen lassen.

Das Verbum ist im Wörterensemble eines Satzes zwar das stärkere Teil. Kräftige Verben können bei geschickter Lastverteilung lässig bis zu drei, vier, fünf Nomina tragen. Im obigen Satz beträgt das Verhältnis indessen 1 zu 11. Einem einzigen Verb, und was für einem schwächlichen (*gehört*), bürdet der Autor elf schwere abstrakte Substantive auf (*Bestellung, Errichtung, Erkennung, Planung ...*), und das zum Teil auch noch in der primitivsten Reihungstechnik, der Genitivkette (*die Bestellung des Sekretärs des Rates und Vertreters*). Es ist Nominalstil wie aus einer negativen Stilfibel. Man sieht förmlich das arme Verb unter der Last der ihm aufgeladenen Nomina zusammenbrechen. Was übrig bleibt, ist gar keine Aussage, die sich ja nur aus einem vollständigen Satz ergeben könnte. Dem Hörer werden lediglich ein paar wuchtige Nomina um die Ohren gehauen, und da schaltet er lieber ab.

## beziehungsweise

Neulich fragte ich einen Freund, den Nabokov-Biographen Brian Boyd, der begonnen hatte, Deutsch zu lernen, wie ihm die Sprache denn nun gefalle. Boyd ist ein sprachgewandter und sprachenkundiger Professor der Literaturwissenschaft, aber ich erwartete, er würde Deutsch doch vergleichsweise schwierig finden. Er aber sagte, Deutsch erscheine ihm viel weniger schwierig als sein Ruf, aber ... Aber was sei das doch für ein bizarres und unmögliches Wort, dieses dauernde *beziehungsweise*.

Über *beziehungsweise* hat schon 1938 der Sprachkritiker Oskar Jancke allerhand Böses gesagt, und es ist seitdem nicht besser geworden: »Die Sprache, bzw. die deutsche Sprache kennt, bzw. duldet ein Wort, das sehr schlecht bzw. leer klingt, bzw. nicht klingt ... Man kennt zwar Beziehung, man kennt weise, aber beziehungsweise ist schlechthin unerkennbar bzw. so vertrackt, dass man Kopfschmerzen bzw. noch schlimmere Zustände kriegt, wenn man sich mit dem Wort zu lange abgibt ... Man schämt sich, es auszuschreiben. Daher die wunderliche Abkürzung bzw., die jedes Schrift- oder Druckbild verunziert.«

Adelung, Campe, Grimm und Kluge-Götze kennen *beziehungsweise* nicht. Also müsste man länger recherchieren, um seinen Ursprung zu ermitteln. Ich will es mir schenken. Wahrscheinlich käme nur heraus, dass irgendein Kanzleischreiber des neunzehnten Jahrhunderts das lateinische *respective* so übersetzt hat; was er sich dabei dachte, würde man kaum erfahren. Ein Kanzleiwort also wie *gegebenenfalls* oder *entsprechend*, alle drei traut vereint in Sätzen wie »Für jedes Institut (beziehungsweise gegebenenfalls für den entsprechenden Teilbereich) muss ein(e) EDV-Beauftragte(r) und eine Vertretung benannt werden«. Ein echt deutscher Satz. Genau und moralisch.

Die DVD *Deutsche Literatur von Luther bis Tucholsky* enthält mehr deutsche Literatur, als der fleißigste Germanist in seinem ganzen Leben lesen wird, 600000 Seiten von über 500 Autoren. Sie lassen sich mit einem Mausklick durchsuchen. So kann man etwa feststellen, dass das älteste *beziehungsweise* in den *Philosophischen Briefen* Schillers vorkommt: »Meinungen, welche in diesen Briefen vorgetragen werden, können also auch nur beziehungsweise wahr oder falsch sein, gerade so, wie sich die Welt in dieser Seele und keiner andern spiegelt.« Man wird bemerken, dass es noch ein ganz anderes *beziehungsweise* ist, ein wörtliches, das heute etwa von dem Wort *verhältnismäßig* abgedeckt wird. Man kann auch feststellen, dass in der deutschen Literatur der größte Fan des heutigen *beziehungsweise* Fontane war. Von den insgesamt 84 Belegen für das Wort finden sich 40 in seinem Werk. Wir können von Glück sagen, dass er seinen kleinen Roman nicht *Irrungen beziehungsweise Wirrungen* genannt hat.

Was bedeutet das *-weise* am Schluss vieler Adverbien? »Die Wurst wird scheibchenweise gegessen« heißt ›in Scheiben‹, *teilweise* heißt ›zum Teil‹. Kein analoger Sinn lässt sich dem *beziehungsweise* in »Der Sommer wird schön *beziehungsweise* sonnig« unterlegen. In der Weise einer Beziehung? In Beziehung zu einer Weise? Ausländer haben darum ihre Not mit dem Wort, weil sie nicht gewohnt sind, ihre Aussagen so zu denken, dass es an irgendeiner Stelle hineinpasst. Sie denken ihre Äquivalente von *oder, und, nicht …* *sondern, vielmehr, wenn nicht gar.* Jenen pedantischen Dreh des Gedankens, der ein *beziehungsweise* ermöglicht oder erfordert, bekommen sie einfach nicht ohne Spezialtraining hin. Die paradoxe Nachspeise Eis & Heiß ist gleichzeitig »kalt und heiß« – oder ist sie »kalt oder heiß«? Genau genommen nicht *und* und nicht *oder.* Die beiden Temperaturen stehen in einer so konträren *Beziehung* zueinander, dass keine der gängigen Konjunktionen ihr volle Gerechtigkeit widerfahren ließe. Eigentlich müsste man sie säuberlich trennen und *einerseits heiß, andrerseits kalt* sagen, noch genauer *unterseits kalt, oberseits heiß.* Wenn nun aber ein einziges Wort dieser fast unausdenkbaren *Beziehung* Genüge tun soll … dann müsste das Dessert *Eiskalt-beziehungsweise-Heiß* heißen.

»Die Anhörung wird unnötig beziehungsweise überflüssig«, sagte sehr richtig Jürgen Möllemann am 11. Februar 2003, obwohl er da noch gar nicht wusste, ob sie unnötig oder überflüssig werden würde.

### Biographie

*Bio-* heißt leb-, *graph-* heißt schreib-, und eine *Biographie* ist eine schriftliche Lebensbeschreibung. Oder? Das Wort wird schon lange auch für den Lebenslauf selbst verwendet und nicht nur für dessen Beschreibung. »Er hat eine Biographie« bedeutet heute meist nicht, dass eine in seinem Regal steht.

Seit der Wende hat dieser wichtigtuerische sekundäre Gebrauch wie ein Buschbrand um sich gegriffen, vermutlich, weil damals unter Intellektuellen die Parole ausgegeben wurde, es müssten sich in Ost und West alle gegenseitig ihre *Biographien erzählen* – ein derart sterbenslangweiliges

Projekt (wie sich heute jede Schnapsidee nennt), dass es sogleich wieder entschlief. Die Biographik aber scheint es mächtig angekurbelt zu haben. Gesichtet wurden unter anderem: eine *gebrochene Biographie*, viele *larmoyante Biographien*, die *Berufsbiographie*, die *Erwerbsbiographie*, die *Vollzeitarbeitsbiographie* und *eine ganze intellektuelle Biographie*. Im Theater stellt laut *Spiegel* ein Regisseur »die emotionalen Biographien dieser Menschen aus« (es handelt sich um Tschechows drei Schwestern). Ein Lehrer glaubt nicht, dass er sich Vorwürfe machen muss, wenn er »mit den Biographien ehemaliger Schülerinnen konfrontiert wird« (falls eine zum Superstar gekürt wird und ihm mit zwanzig ihre Autobiographie präsentiert, macht er sich aber vielleicht doch welche). Der Deutschlandfunk verkündet: »Die falsche Schule führt zu unglücklichen Lernbiographien«, welchselbe später von Neurobiologen erkundet werden müssten. Ein Leserbrief gibt zu bedenken, dass die Entführer in der Sahara »nicht nur Bösewichte waren, sondern Menschen mit einer Biographie, die sie in den Terrorismus führte« (also wohl doch Bösewichte, aber solche mit einer *Biographie*, und die sind offenbar etwas Besseres). Pädagogen fordern für die Schüler *biographische Gestaltungskompetenz* und meinen damit nicht, dass die Schüler lernen sollten, einen einigermaßen ansprechenden Lebenslauf zu verfassen, sondern das, was sonst meist »berufliche Perspektiven« heißt.

Kurz, es scheinen sich alle einig zu sein: Man lebt nicht ein Leben, sondern gleich dessen Beschreibung. Die einen sind im Dunkeln, und die andern sind im Licht, und die im Lichte bekommen Biographien geschrieben oder lassen ihre Autobiographien schreiben, aber die im Dunkeln leben halt ihre Lebensbeschreibung und haben somit auch eine Biographie. So geht das Leben heute: Statt sich mal hierhin, mal dorthin treiben zu lassen oder Pläne zu erwägen und wieder zu verwerfen, macht man in der frühen Jugend einen →*Lebensentwurf*, und wenn ein Stück von dem abgelebt ist, hat man auch schon eine *Biographie*. Das Leben, ein Biographieprojekt.

## Bischofsdeutsch

Sprachlich, so erläuterte der Vorsitzende der katholischen Deutschen Bischofskonferenz im Juni 1999, wurde sie »bis zum Äußersten gesteigert« – nämlich die »Dringlichkeit eines Einsatzes für das Leben« (und nicht etwa die Mogelei). Dieses Nonplusultra der Dringlichkeitssteigerung lautete: »Diese Bescheinigung kann nicht zur Durchführung straffreier Abtreibungen verwendet werden.« *Kann nicht*, wo jeder *soll nicht* oder *darf nicht* erwartet hätte. Ein unscheinbares Hilfsverb ermöglicht den Bischöfen, eine Weisung gleichzeitig zu erteilen und nicht erteilt zu haben.

Eigentlich konstatiert *können* eine Möglichkeit oder Fähigkeit; die Umgangssprache aber verwechselt es oft mit *sollen*. Kind, korrekt: »Ich *kann* nicht mehr!« Mutter, lax: »Du *kannst* dich hier nicht so anstellen!« Sie meint: Das Kind *soll* trotzdem aufessen. Kraft solchen Doppelsinns lässt sich etwa folgender längerer, hübsch unnachweisbarer Gedankengang ausdrücken: »Eigentlich müssten wir, die Bischöfe, *du sollst nicht* sagen. So will es Rom. Das aber wollen wir nicht, denn wir sind ja gar nicht so. Hör also ganz genau hin: Ein bisschen *soll nicht* steckt in *kann nicht* zwar drin, und wir sind fein heraus. Aber halte dich, wenn es dir darauf ankommt, ruhig an seinen Wortsinn. Sofort siehst du, *du kannst* sehr wohl, nämlich dann, wenn eine Klinik unsern Schein annimmt, was aber nicht unsere Sache ist. Du hast unsern Segen, wenn du folgerst, der Satz sei wohl nicht wörtlich gemeint und stehe nur pro forma da.«

## brandschatzen

Es gibt Wörter, die gar nicht bedeuten, was alle Welt meint. *Brandschatzung* ist so eines. Von »Morden, Vertreibungen und Brandschatzungen im Kosovo« war überall immer wieder die Rede, und einige Jahre später kam es zu »Brandschatzungen in Kirkuk und Mossul«. Gemeint war: das Niederbrennen von ganzen Stadtvierteln und Dörfern. Das aber bedeutet *Brandschatzung* eben nicht. Vom ersten Beleg von 1581 bis zu den neuesten Wörterbüchern bedeutet es im Gegenteil unisono ›nicht niederbrennen – gegen Zahlung‹. Eine marodierende Soldateska erpresste Schutzgelder, erlegte *Schatzungen* auf: Zahle soundso viel, und dein Anwesen bleibt unversehrt. Im Dreißigjährigen Krieg waren Brandschatzungen an der Tagesordnung. »Raub, Mord, Plünderung, Brandschatzen führten [die Landsknechte] auf ihre eigene Faust aus, um sich zu entschädigen, wenn sie den Sold nicht bekamen«, heißt es bei Wilhelm Hauff. Zu den letzten Brandschatzungen auf deutschem Boden kam es während der Franzosenzeit. 1792 forderte General Custine zwei Millionen Gulden von der Stadt Frankfurt am Main, erhielt eine Abfuhr und besetzte sie daraufhin, musste aber bald wieder abziehen; im Juli 1796 verlangte General Kléber sechs Millionen Francs und für zwei Millionen Waren und erhielt sie, woraufhin Frankfurt für neutral erklärt wurde und unversehrt blieb, bis es sich im Zweiten Weltkrieg nicht freikaufen konnte.

Wie kann ein Wort so verkannt werden? Es geschieht wohl dann, wenn die Sache, für die es steht, nicht mehr Teil der allgemeinen Erfahrung ist. Freikaufen vom soldatischen *Sengen* (ein in diesem Sinne ausgestorbenes Wort) kann sich längst niemand mehr. Das Wort *Brandschatzung* wurde sozusagen vakant und dann entgegen allen Wörterbüchern mit einer geratenen Bedeutung belegt. Kein Grund zur Entrüstung. Aber wer dessen Geschichte noch kennt, zuckt jedesmal zusammen, unpassenderweise erheitert.

## Buchtitel

Verweisen wir Augustinus' *Confessiones* in die Vorgeschichte. Dann begann es 1894, als jemand (es war A. F. Graf von Schack) einem Band mit seinen vermischten Schriften den schlichten und bescheidenen Titel *Perspektiven* gab. Auch danach allerdings schlummerte diese Titelmöglichkeit noch ein halbes Jahrhundert lang. Als Karl Korn sie 1946 mit seiner Aufsatzsammlung *Übergänge* wieder aufgriff, wird er kaum geahnt haben, dass er eine Art Zeitalter eröffnete, das der Einwort-Plural-Titel. Das brach zwar auch 1952 noch nicht gleich an, als ein Rudolf H. Ganz einen Gedichtband *Visionen* überschrieb, wohl aber 1955, als Adorno mit seinen *Prismen* aufwartete, denen Sartre sogleich mit *Situationen* sekundierte, worauf Adorno erst *Dissonanzen* folgen ließ, dann *Eingriffe*, dann *Impromptus*, dann *Stichworte*.

Jetzt gab es kein Halten mehr. Ein Wort, möglichst abstrakt, möglichst wissenschaftlich zumindest dem Klang nach, und das im Plural, so lautete das Rezept. Inzwischen gibt es *Perspektiven* über 75-mal, gefolgt von *Übergängen*, die 36-mal gewählt wurden, mit so aparten Varianten wie *ÜberGänge, Über-Gänge, Übergänge-Grenzfälle, Übergänge-Zwischenräume*. Dann kommen *Positionen* (mindestens 22-mal), in Anlehnung an Benjamin *Passagen* (mindestens 20-mal – allerdings mögen einige davon wirklich von Passagen handeln), *Konstellationen* (mindestens 18-mal), *Widersprüche* (14), *Visionen* (12), *Annäherungen* (12), *Resonanzen* (10) und *Konfrontationen* (9). Mehrfach gibt es auch *Konturen, Kreuzungen, Protuberanzen, Tangenten* und *Transgressionen*. Hinter *Tendenzen* verbirgt sich dagegen nicht, was man nach Lage der Dinge erwarten würde, sondern ein Buch über neue Tessiner Architektur, in der originellen Form *TenDenZen* ein ethnologisches Jahrbuch und in der Doppelung *Tendenzen-Konsequenzen* eine Zeitschrift über Finanzgerichtsentscheidungen. *Amplituden, Aspekte, Diskurse, Eruptionen, Konvergenzen, Operationen, Oszillationen* – alles dagewesen, quer durchs Fremdwörterlexikon. Man wundert sich geradezu, dass einige immer noch frei sind, *Eruktationen, Expektorationen, Flatulenzen, Miktionen* zum Beispiel.

Was haben solche Titel, das sie so beliebt macht? Sie leisten etwas. Ihre Leistung besteht darin, dass sie nichts bedeuten und keiner es merkt, dass sie also immer passen. Dazu verleihen sie dem Buch einen wissenschaftlichen Anstrich: Hier steht nur Stichhaltiges, signalisieren sie. Außerdem verheißen sie äußerste Kürze: Hier werden keine überflüssigen Worte gemacht. Schließlich machen sie es dem Autor leicht, seine grundsätzlich kritische Einstellung zu bekunden. *Affirmationen* gibt es nur einmal (für Esoterisches aus Amerika), *Akklamationen* keinmal, dafür aber reichlich *Aus-Fälle, (Dis)harmonien, Dissonanzen, Einsprüche, Einwürfe, Ent-rüstungen, Proteste, Provokationen, Ver-Stimmun-*

*gen, Verwerfungen, Verwünschungen, Vorwürfe, Widersprüche, Wi-*
*derworte* und *Zumutungen.*

Wie hätten alle diese Bücher bloß geheißen, wenn nichtssagende Titel verboten wären?

## Bür

Gelsenkirchens vielleicht nicht sonderlich bemerkenswerter Stadtteil Buer ist gleichwohl vielen Deutschen bekannt. Es führt dort nämlich eine Autobahn vorbei, auf der es oft bemerkenswerte Staus zu geben scheint, und diese werden dann getreulich im Verkehrsfunk angesagt: »... zwischen Herten und Gelsenkirchen-*Bür* ...«

Klar kann nicht jeder alles wissen. Die »Halbinsel *Pellopohnes*«, von der ein Nachrichtensprecher Erderschütterungen zu melden hatte, muss nicht jedem bekannt sein – obwohl es nicht unfair wäre, in dem Spiel *Trivial Pursuit,* zu dem geworden ist, was früher »Bildung« hieß, nach der »Wiege der europäischen Kultur« zu fragen, mit P. Dass bei etlichen rheinisch-westfälischen Ortsnamen die Dehnung eines Vokals anders markiert ist als sonst im Deutschen, braucht aber wirklich niemand explizit zu wissen. Dass sich infolge dieses orthographischen Relikts dort ein paar Namen anders aussprechen, als man denken möchte, könnte einem allerdings aufgefallen sein, wenn man mit offenen Ohren durchs Leben geht? Nicht jedem vielleicht, aber doch dem, der die richtige Aussprache zu seinem Beruf gemacht und während seiner Dienstschicht alle paar Minuten geographische Namen zu verlesen hat? Zumal dann, wenn er ganz in der Nähe wohnt und arbeitet? Dass sich also Coesfeld nicht ›Cösfeld‹, sondern ›Cohsfeld‹ spricht, Soest nicht ›Söst‹, sondern ›Sohst‹, Straelen nicht ›Strälen‹, son-

dern ›Strahlen‹, Grevenbroich nicht ›Grewenbreuch‹, sondern ›Grevenbrohch‹, Troisdorf nicht ›Treusdorf‹, sondern
›Trohsdorf‹, aber, so inkonsequent ist die Sprache, Laer
tatsächlich ›Lär‹ und Oelde tatsächlich ›Ölde‹.

Manchmal klappt es ja. Erst durch das Insistieren des Ver-
kehrsfunks habe ich schließlich gelernt, dass jene baden-
württembergische Stadt nicht ›Neckars-ulm‹ heißt, sondern ›Neckar-sulm‹, nach den Flüssen Neckar und Sulm.
Aber wenn nun BerufssprecherInnen bei großen öffentlich-rechtlichen Rundfunkanstalten das brandenburgische
Ziesar, ebenfalls in der Nähe einer Autobahnauffahrt, nicht
dreisilbig ›Zi-e-sar‹, sondern ›Zihsar‹ aussprechen, die Stadt
Ganderkesee ›Ganderkäse‹ – und eben jenes Buer unbeirr-
bar ›Bür‹, Verkehrsansage auf Verkehrsansage, Tag um Tag,
Monat um Monat, Jahr um Jahr – was sagen sie uns damit?
Dass Buer inzwischen tatsächlich Bür heißt, vielleicht weil
ihr Vorbild dort Schule gemacht hat? Dass die Sprecher von
ihrem Arbeitgeber zwar gehalten zu sein scheinen, sich
wortreich zu entschuldigen, sobald ein Telefongespräch mit
Timbuktu tontechnisch nicht Topstudioqualität hat, es aber
offenbar schnurzegal ist, wie was ausgesprochen wird? Jedenfalls, dass keinem Sprecher je empfohlen zu werden
scheint, sich vor dem Verlesen der fremden Texte selber
kundig zu machen. Dass infolgedessen jahre-, jahrzehnte-
lang die Stadt Chicago auch unbeanstandet ›Tschikago‹
ausgesprochen wird, der Staat Michigan ›Mitschigen‹. Und
das, obwohl sich die Sprecher hierzulande sonst die Zunge
abbrechen müssen, um jeden ausländischen Namen um jeden Preis originalgetreu über die Lippen zu bringen, selbst
wo seit Urzeiten völlig zufriedenstellende phonetische Ein-
deutschungen in Gebrauch sind, siehe ›Warrthelohna‹ und

›Budapescht‹. *Budapest* auf keinen Fall, aber *Bür*. Das Bravourstück dieser Deutsch-Phobie lieferte jener penible Nachrichtensprecher des Deutschlandfunks, der den »Hurrican Wilma« bemüht angloamerikanisch ›Uilme‹ aussprechen zu müssen meinte, Tage bevor dieser das anglophone amerikanische Festland erreichte.

In den riesigen öffentlich-rechtlichen Rundfunkapparaten ist offenbar keine halbe Planstelle für einen Ausspracheberater vorgesehen, und kein Verantwortlicher hört je selbst hinein in solche banalen eigenen Sendungen. Darum hier der Hinweis, dass der Westdeutsche Rundfunk die Aussprachen für alle deutschen Autobahnanschlussstellen sogar ins Internet gestellt hat, wenn auch ohne Hinweis auf die Tücke von Ziesar: <www.wdr.de/online/verkehr/aussprache>.

## Bürger

Ein Wort als Waffe: *Bürger*. »Du Kleinbürger!« »Du Bildungsbürger!« »Du Bürger!« Und schon müsste sich der so Titulierte eigentlich zu Tode schämen. Eine ganze Generation – zeitlich umschrieben mit »Achtundsechziger« – hat sich damit gegenseitig gequält. Für einen *Bürger* gehalten zu werden, war fast das Unangenehmste, was einem widerfahren konnte, unangenehm auch darum, weil man sich gegen den *Bürger*-Verdacht nicht zur Wehr setzen konnte. Das Wort schillerte so ungemein vieldeutig. Es war wie ein Vorwurf, dessen Wortlaut man nicht verstand. Da in irgendeinem Sinn mit Sicherheit jeder ein *Bürger* war, ließ er sich nicht abwenden und nicht widerlegen. Wie man sich in seinem Denken und Tun auch drehte und wendete, es hatte immer schon von vornherein Recht.

Was hat dieses Wort, das es zu einem so wirksamen Schimpfwort macht?

An seinem Ursprung war es nichts als eine sachliche und völlig harmlose Bezeichnung, die den Wohnort angab. Ein *Bürger* war derjenige, der in einer Burg wohnte – nicht der Burgherr und seine Familie, aber alle anderen. Schon im Althochdeutschen existierte der *púrgari*, der Burgbewohner. Innerhalb der schützenden Burgmauern sammelten sich im Mittelalter außer der Streitmacht des Burgherrn Handwerker, Händler und andere »Dienstleister« zuhauf, allesamt *Bürger*.

Aus den Ritterburgen mit allerlei Personal drum herum wurden Ortschaften mit einer Burg in der Mitte, und dann auch ohne Burg. Als der Ansiedlungsring um die Burg eine gewisse Größe und mit ihr eine gewisse Eigenständigkeit erworben hatte, trat für ihn das Wort ›Stadt‹ auf den Plan, das ursprünglich nur so viel wie ›Ort‹, ›Stätte‹ bedeutet hatte. Es ist um Jahrhunderte jünger als ›Burg‹, denn es kam erst in Gebrauch, als die ›Burg‹ selbst von ihrer Umgebung begrifflich unterschieden werden musste. Als im zwölften Jahrhundert Stadtverfassungen entstanden, erweiterte sich der Sinn von *Bürger* folgerichtig zu ›vollberechtigter Einwohner einer Stadt‹. Aber ein *Bürger* blieb dieser; das Wort ›Städter‹ kam erst sehr viel später auf und war noch im achtzehnten Jahrhundert eine vertraulich-umgangssprachliche Rarität.

Dieser mittelalterliche *Bürger* fügte sich in die übersichtliche Rangordnung des Abzählreims: Kaiser, König, Edelmann, Bürger, Bauer, Bettelmann, vereinfacht zu Adelige, Bürger, Bauern und Besitzlose. Oben die Inhaber der weltlichen Macht, unten die arbeitende Landbevölkerung und dazwischen mit wachsendem Selbstbewusstsein die *Bürger*. Allerdings ignorierte dieses eingängige Vierschichtenmodell große Gruppen der Bevölkerung: den Klerus, die Soldaten, die Schüler, Studenten, Lehrlinge und Gesellen. Auch bestand die Unterschicht keineswegs nur aus Bettlern. Zu ihr gehörten die Vaganten wie Gaukler und Spielleute, die Juden, die Zigeuner und die Recht- und Ehrlosen wie Henker, Schergen, Büttel, Abdecker, Bader, Türmer, aber auch Leinweber und Müller – ein Sammelsurium von Menschen mit minderen Rechten, auf die der *Bürger* stolz hinabsah.

Dem Begriff *Bürger* blieb immer etwas von der einleuchtenden Anschaulichkeit seines Ursprungs, des krassen Unterschieds zwischen Stadt und Land: Im Schweiß seines Angesichts beackerte der Bauer das weite Land, an einigen Stellen spitzte sich dieses zu den Orten der Macht zu, wo gar nicht gearbeitet wurde, und an den Flanken der Ritterburgen entwickelte sich die wachsende Zwischenklasse der *Bürger*, die sauberere Arbeit verrichteten als die Ackerbauern und anständigere als die Unterschicht. Der *Bürger* war zwar kein Adeliger und konnte diesen nur nachahmen, er war aber dennoch »etwas Besseres«.

Im sechzehnten Jahrhundert wurde eine deutsche Übersetzung von *civis romanus* benötigt, dem stolzen Untertanen des römischen Kaisers. Ein römischer *civis* musste kein Stadtbewohner sein; es war überhaupt gleich, wo im Römischen Reich er ansässig war und wovon er lebte. Trotzdem war es eine nahe liegende Wahl, *civis* mit *Bürger* zu verdeutschen. Der Bedeutungsakzent lag auf »vollberechtigtes Gemeinschaftsmitglied«, und dem wurde das Wort *Bürger* durchaus gerecht. So kam dieser Begriff zu seiner dritten

Bedeutung nach ›Burgbewohner‹ und ›Stadtbewohner‹: ›Staatsangehöriger‹. Als deutsche Entsprechung zum französischen Citoyen erhielt der so verstandene *Bürger* mit der Französischen Revolution eine frische Injektion von Selbstbewusstsein. *Bürger* war ein Ehrenname, und alle waren *Bürger*. Der Doppelsinn war für Kant offensichtlich: Der französische Bourgeois war im Deutschen der Stadtbürger, der Citoyen der Staatsbürger. Für den, der es nicht so genau ausbuchstabieren wollte, waren beide kurzerhand *Bürger*.

Diesen Doppelsinn hätte das Wort leicht verkraftet; der jeweilige Zusammenhang hätte ausreichend klargemacht, welcher *Bürger* gerade gemeint war. Schwerer machte ihm zu schaffen, dass sich die eine seiner beiden Bedeutungen, ›Stadtbürger/Bourgeois‹, nebenher schon früh pejorativ aufzuladen begann. Es konnte nicht ausbleiben, dass Menschen, die viel mit vollberechtigten, also wohletablierten Stadtbürgern zu tun hatten, aber selber nicht zu ihnen gehörten, sie nicht mochten. Dann blickten sie hochnäsig auf sie hinab (der Adel) oder neidisch-ablehnend zu ihnen hinauf. Die comme il faut bewaffneten Adeligen verspotteten die nur mit Schilden versehenen Stadtbürger als *Schildbürger*. Nachdem dieses Wort zu einem Synonym von ›Narr‹ geworden war, kam um die Mitte des siebzehnten Jahrhunderts in der Studentensprache das Spottwort *Spießbürger* auf (dessen Kurzform *Spießer* erst vom Ende des neunzehnten Jahrhunderts stammt; es wurde der Jagdsprache entnommen, in der der Junghirsch *Spießer* heißt). Damit war eine ganz neue Bedeutungskategorie ins Spiel gekommen, eine sozusagen charakterologische. Denn diese Art von *Bürger* war man nicht durch seinen Wohnsitz oder durch irgendeine soziale Zugehörigkeit, sondern gleichsam qua Tempe-

rament: der engstirnige, selbstgefällige, dummstolze, lang-
weilige ›Philister‹. Sein Standardepitheton wurde ›bieder‹.
Hatte es einmal ›brauchbar‹, ›tüchtig‹ und ›rechtschaffen‹
bedeutet, so war es im achtzehnten Jahrhundert zu ›bor-
niert‹ heruntergekommen.

Ein Begriff mit einem neutralen sozialen Doppelsinn war
damit zusätzlich zu einem Spottwort mutiert, ohne dass dieses die älteren Bedeutungen außer Kraft setzte. »Du bist ein
Bürger« – am Ende des achtzehnten Jahrhunderts konnte
das bedeuten: Du bist ein Städter, du bist ein Staatsbürger,
du bist ein Philister. Das machte das Beschimpfen leicht,
denn in mindestens einem Sinn war es immer richtig.

Den entscheidenden Dreh gab dem Begriff dann aber Karl
Marx. In seinem brachialen Versuch, die gesamte Sozialge-
schichte der Welt als eine gesetzmäßige Folge von Klas-
senkämpfen zu interpretieren und der Gegenwart den letzten und dramatischsten dieser Kämpfe vor der Errichtung
der klassenlosen Gesellschaft zu attestieren, brauchte er zwei
sich aktuell bekriegende Klassen. Er fand sie in den Inhabern
der Produktionsmittel einerseits und den ausgebeuteten
Lohnarbeitern andererseits. Diese nannte er Proletarier, jene
Bourgeois oder Bürger. »An die Stelle der Manufaktur«,
heißt es im *Kommunistischen Manifest*, »trat die moderne
große Industrie, an die Stelle des industriellen Mittelstandes
traten die industriellen Millionäre, die Chefs ganzer industrieller Armeen, die modernen Bourgeois ... Die ganze Gesellschaft spaltet sich mehr und mehr in zwei große feindliche
Lager, in zwei große, einander direkt gegenüberstehende
Klassen: Bourgeoisie und Proletariat ...« Der *Bürger* war damit zum Schicksalsfeind des Arbeiters erklärt.

Ein Teufel muss Marx geritten haben. Es war schließlich

offensichtlich, dass die Stadtbürger, die Bourgeois, in ihrer großen Mehrheit keine industriellen Millionäre, keine Chefs industrieller Armeen waren, keine »Kapitalisten« (das heißt Menschen, die von der Arbeit anderer leben), sondern in heutigem Sprachgebrauch mittelständische Handwerker und Kaufleute sowie Beamte und Angestellte aller Sorten. Um diesem störenden Umstand Rechnung zu tragen, behalf sich Marx mit dem Begriff *Kleinbürger*. Der *Kleinbürger*, dafür bürgte schon seine Bezeichnung, war nichts als der Marx'sche *Bürger*, nur ohne eigenes Kapitalvermögen und die damit verbundene Ausbeutungsmacht. Er war ein bloß ideeller *Bürger*, was ihn nicht hinderte, im Klassenkampf auf der Seite der richtigen Bourgeois zu stehen. Er war – mit einer Formel aus den Achtundsechzigern – der »Lakai des Kapitals«.

In welche gedanklichen Schwierigkeiten einen die gewaltsame Umdefinition und Aneignung eingeführter Begriffe bringt, zu welchen Sophistereien sie einen nötigt, demonstrierte Marx in seiner Streitschrift wider seinen Philosophenfeind Max Stirner (von ihm als »Sankt Max« verspottet) gleich selber: »Es ist unserm Schulmeister nicht entgangen, dass in neuester Zeit die Liberalen mit den Bourgeois identifiziert wurden. Weil Sankt Max die Bourgeois mit den guten Bürgern, den kleinen Deutschbürgern identifiziert, fasst er das ihm Tradierte nicht, wie es wirklich ist und von allen kompetenten Schriftstellern ausgesprochen wurde – nämlich so, dass die liberalen Redensarten der idealistische Ausdruck der realen Interessen der Bourgeoisie seien, sondern umgekehrt, dass der letzte Zweck des Bourgeois der sei, ein vollendeter Liberaler, ein Staatsbürger zu werden. Ihm ist nicht der bourgeois die

Wahrheit des citoyen, ihm ist der citoyen die Wahrheit des bourgeois. Diese ebenso heilige als deutsche Auffassung geht so weit, dass uns ›das Bürgertum‹ (soll heißen die Herrschaft der Bourgeoisie) in einen ›Gedanken, nichts als einen Gedanken‹ verwandelt wird und ›der Staat‹ als ›der wahre Mensch‹ auftritt ...« *(Die deutsche Ideologie)*. Verstanden? Ist nun der Bourgeois der Bürger und dieser der Kleinbürger und dieser der Citoyen und dieser der Liberale, oder gerade nicht?

Aber das ist hängen geblieben. Links im Spektrum der politischen Meinungen war *Bürger* hinfort anrüchig. In der Bedeutung des Wortes waren auf denkbar diffuse Weise Kapitalisten, Kapitalistenknechte, Faulenzer (nicht von ihrer Hände Arbeit lebende Menschen) und Spießer amalgamiert. Um das Jahr 68 war der deutlichste Sinn, der sich in ihm erkennen ließ, schlicht ›nichtsozialistisch‹ – genauer: nicht zu dem Konventikel gehörig, der meinte, den Sozialismus für sich gepachtet zu haben, und alle anderen als *Bürger* entlarvte. In dem Begriff vermengen sich so viele semantische Farben zu einer verschwommenen, fast leeren Großbildleinwand, dass sich unterschiedliche gerade akute soziale Antipathien darauf projizieren lassen. Der *Bürgerschreck*: geradezu eine gesellschaftliche Heldentat.

»Dem Bürger fliegt vom spitzen Kopf der Hut« – welchem der vier *Bürger*? Dennoch sehen wir ihn prompt vor unserem inneren Auge, einen durch keine soziale Zugehörigkeit definierten, aber in seiner Durchschnittlichkeit irgendwie unangenehmen Zeitgenossen.

Manchmal aber tat das Wort auch plötzlich wieder harmlos und wollte nichts anderes als ›Stadtmensch‹ oder ›Staatsbürger‹ heißen.

Trotz seiner Vieldeutigkeit ist und bleibt das Allzweckwort offenbar unentbehrlich. Die DDR hatte mit der Verstaatlichung der Produktionsmittel das Bürgertum, die Bourgeoisie als Klasse offiziell abgeschafft. Aus Marx' Proletariern (also Industriearbeitern) waren nach der Ausschaltung der verhassten Großgrundbesitzer (›Junker‹), die natürlich zur Bourgeoisie gezählt wurden, ›Arbeiter und Bauern‹ geworden. Nach der Kollektivierung der Kleinbauern, die diese de facto zu Landarbeitern machte, war ›Bauer‹ eigentlich hinfällig; trotzdem waren noch nicht alle ›Arbeiter‹, denn da blieb die große Gruppe der Angestellten und der Intelligenzler, die nicht in das Marx'sche Begriffsschema passten. So wurden alle miteinander zu »Werktätigen« umgetauft, und damit war nunmehr die ganze arbeitende Bevölkerung auf der guten unbürgerlichen Seite untergebracht. Trotzdem kam auch die DDR nicht ohne das verschriene Wort aus. Jeder, der nicht Genosse war, wurde offiziell als *Bürger* angeredet. In der Bedeutung ›Staatsbürger‹ lebte es also munter fort, und wieder war eine Zweiteilung der Gesellschaft da, die in Parteigenossen (die Inhaber der Macht) und gewöhnliche *Bürger*. So wie es heute in der ehemals strikt antibürgerlichen Linken fortlebt, wenn sie sich auf *Bürgertugenden* besinnt und die *Bürgergesellschaft* auf ihr Panier schreibt.

Seine Effektivität als Spott- und Schimpfwort scheint derzeit abzuklingen. *Bürger* zu sein ist nicht mehr von vornherein eine Schande. Trotzdem liegt die Injurie noch auf der Lauer, bereit, auf einen niederzufahren. Man sollte sich von ihm nicht bange machen lassen, und der beste Weg zu so viel Zivilcourage (»Bürgermut«) ist, seine wechselvolle Geschichte zu durchschauen.

## das weiß auch

In Gera gibt es ein »Competence Center Coiffeur«, erfuhren wir im Dezember 2004 von n-tv. Das scheint das Büro einer leicht sprachbehinderten lokalen Friseurkette zu sein (Werbe-*Claim*: »Höchste Ansprüche für Coleration und Frisurenqualität garantieren Ihnen die Friseurteam's«), die hier in Zusammenarbeit mit einem Tagungshotel und einem internationalen Kosmetikkonzern (jenes zuständig fürs *Catering*, dieser fürs *Marketing*) eine Frisierschule betreibt. Wie bringt der Reporter eine solche Neuigkeit unters Volk? Indem er sagt: »So etwas funktioniert nur als Netzwerk. *Das weiß auch* [Herr Soundso] von der Friseurkette: ›Wenn Sie als Alleinanbieter auf dem Markt sind, haben Sie Probleme …‹«

Es geht hier nicht um die verdächtige »Coleration«, auch nicht um die falschen Apostrophe der »Salon's« und »Team's«. Es geht um das unscheinbare *das weiß auch* oder *das weiß sogar*. Es ist manchmal eine Unverfrorenheit.

»Begeisterung sieht anders aus. Geklatscht wird hier nur aus Höflichkeit. *Das weiß auch* die brandenburgische Landtagsabgeordnete Britta Stark (SPD): ›Ich denke, es kommt jetzt darauf an zu kämpfen …‹ Die Hoffnung stirbt zuletzt, *das weiß auch* Ulrich Commercon. Doch der Saarländer ist realistisch geworden. Und deswegen glaubt er, dass nur eine schnelle Kursänderung der Bundesregierung zu besseren SPD-Wahlergebnissen führen kann« (Bayerischer Rundfunk im September 2004).

»Jan Ullrich ist einer, der die Tour de France gewinnen kann. *Das weiß auch* Godefroot: ›Wenn Lance Armstrong und Jan Ullrich fit sind, geht es für die anderen nur noch um Platz drei‹« (WDR im Januar 2003).

Wieso ist all das unverfroren? Da befragt ein Reporter jemanden, der von seiner Sache etwas versteht, zum Beispiel den Manager einer Rennfahrermannschaft. Dann zieht er selber das Fazit aus dem Gehörten und kann von Glück sagen, wenn er es nicht allzu sehr missversteht, übertreibt, banalisiert. Und dann spielt er sich als derjenige auf, der das selbstverständlich alles weiß und immer gewusst hat – und degradiert den Experten, dem er seine Weisheiten verdankt, zu einem Einfaltspinsel, der nur darum entschuldigt ist, weil er irgendwie der gleichen Meinung zu sein scheint wie der Reporter. Muster: »Die Zeit ist relativ, *das wusste sogar* schon Einstein.«

## Denglisch

Die deutsche Sprache macht seit etwa 1970 den wahrscheinlich größten Veränderungsschub ihrer Geschichte durch. Sein Ende ist nicht abzusehen, und in einigen Jahrzehnten wird den folgenden Generationen das Deutsch des zwanzigsten Jahrhunderts genauso fremd sein wie uns das Deutsch der Luther-Zeit.

Das offensichtlichste Charakteristikum dieses Wandels ist die Anglisierung: der Import von immer mehr englischen Wörtern und Wendungen, die nur zu einem kleinen Teil irgendwie assimiliert, nämlich der deutschen Lautung, Schreibung, Wort- und Satzgrammatik gefügig gemacht werden und sich darum nur eingeschränkt in Sätzen verwenden lassen, die nach der Grammatik des Deutschen gebaut sind. Niemand hat sie wirklich gezählt. Sie lassen sich auch gar nicht zählen, denn sie kommen und gehen, und für jedes, das wieder verschwindet, kommen ein paar neue hinzu. Von Sammlern aufgelistet wurden etwa siebentausend; die tatsächliche Zahl dürfte um einige tausend höher sein, und morgen sind es schon wieder mehr.

Diese offenen oder verkappten Anglizismen sind nicht, wie Wortimporte früherer Zeiten, auf bestimmte Milieus beschränkt, sondern richten sich mitten ins Zentrum der Allgemeinsprache. Der Vorgang verläuft auch nicht mit der Bedachtsamkeit früherer Zeiten. Blitzschnell würden Medien und Internet einen neuen Anglizismus dem letzten Leuchtturmwärter zutragen, wenn es noch einen gäbe. Die allerallgemeinste Sprache überhaupt ist die der Werbung. Niemand kann sich ihr entziehen. Im Internet zählt eine Agentur[1] laufend die hundert Wörter, die in deutschen Werbesprüchen (die selber heute *Slogans* oder *Claims* heißen) am häufigsten verwendet werden. In den siebziger Jahren war kein einziges englisches dabei. In den Achtzigern tauchte in dieser Liste ein einziges auf, an letzter Stelle: *fit*. In den Neunzigern waren es schon zwölf, von *you, Art, World* bis *Solutions, do, go.* 2006 waren es 23, von *your, you, life* bis *design, time, best.*

Zum Teil ist dieses Denglisch eine Sache der »bloßen Mode«: Englisch wirkt so modern, halt so trendy, snappy, sexy, wie es Deutsch selbst dann nicht könnte, wenn es wollte. Zum größeren Teil aber ist der Wortimport nichts anderes als eine Folge des intensiven Sprachkontakts, der viele zwingt, und zwar vor allem die Multiplikatoren, ständig jeden Gedanken zweisprachig zu denken und auszudrücken. Damit das möglichst reibungslos vonstatten gehen kann, werden deutsche Begriffe wie deutsche Satzstrukturen den englischen immer ähnlicher gemacht. Dass das Englisch dieser Sprecher deutsch verfremdet wird, sozusagen einen deutschen Akzent erhält, ist ohne Folgen für die englische Sprache; aber für das Deutsche sind die Folgen seines englischen Akzents enorm.

»Anglisierung« ist im übrigen nur ein bedingt richtiges Wort dafür. Importiert wird oft nicht eigentlich aus dem Englischen, sondern aus dem sich rasch ausbreitenden →Globalesisch, das zwar vorwiegend, aber nicht unbedingt aus englischen Wurzeln herrührt und dessen Neukombinationen für Engländer und Amerikaner oft ebenso fremd wirken wie für seine Abnehmer in aller Herren Ländern. So ergibt sich das geläufige McDeutsch. Aus der Marketing-Zeitung *Horizont*: »Über das Handy pusht Colgate-Palmolive das Produkt Gard New Style. Das Prozedere: Der Käufer schickt den auf jeder Gard-New-Style-Tube gedruckten EAN-Code per SMS ein und erhält zehn freie Textmessages. Zusätzlich werden Flirttipps, E-Cards und Downloads auf der Homepage bereitgestellt ... Neben Display und Promotion ist eine PR-Kampagne geplant.« Noch trümmerhafter wird dies McDeutsch dort, wo keine vollständigen Sätze gebildet werden müssen und die bloße Wörterreihung genügt, in der Plakatsprache: »Um das Markenpotenzial auszuschöpfen, hat [Chefredakteur Walberer] das Initial [des deutschsprachigen Magazins ›Celebrity‹] in den Vordergrund gestellt. Im Logo erscheint das ›C‹ farbig hinterlegt. Zusätzlich spielen die Heftrubriken mit dem Buchstaben – sie heißen: Checkin, Celebrity Day, Catwalk, Cosmetic, Citylife, Celebrity Night und Checkout.« Es fehlt Clatsh.

Da hilft kein Jammern, da hilft kein »Eindeutschen«, wie es der Verein Deutsche Sprache hingebungsvoll betreibt. Niemand befolgt seine Ratschläge, auch die guten nicht – während die meisten von vornherein chancenlos sind, da englisches Wort und vorgeschlagene Eindeutschung einfach nicht dasselbe bedeuten, das englische also auch nicht überflüssig ist. Aber Abwiegelung und Verharmlosung sind genauso wenig hilfreich. Wir müssen den Tatsachen schon ins Gesicht sehen, wenn wir wenigstens das Abwendbare abwenden wollen. Jeder Einzelne hätte sein Teil dazu zu tun, die Importe aus dem Globalesischen, so gut es gehen will, zu assimilieren. Sie nicht zu umarmen und auch nicht abzuweisen, sondern sie in der deutschen Sprache heimisch zu machen.

Jedenfalls steht uns ein gewaltiger Traditionsbruch ins Haus. Der Schriftsteller und Sprachkritiker Eckhard Henscheid sagte es so[2]: »Zirka 51 Prozent eines guten Buchs bestehen aus wörtlichen, verdeckten oder Stilzitaten. Wenn davon jetzt schon 66 Prozent, künftig 90 Prozent nicht mehr verstanden werden, ist es mit der Literatur zu Ende.« Gegenfrage des Interviewers: »Was ginge verloren, wenn es das Deutsche nicht mehr gäbe?« Henscheid: »Neben dem geradezu italienisch Klangvollen vieler Konjunktive – wie *betörte, beschliefe, ersänne* – ginge verloren vor allem das wiesengrundmäßig mühlradkühl Gründelnde, kurz: der Eichendorff'sche Herzensgrund.«

### Digital Foto Maker
Was ein *Digital Foto Maker* ist, ahnt man sogleich, ein Bearbeitungsprogramm für Digitalfotos. Was man aber nicht ahnt, das ist, wie man ihn oder es auszusprechen hätte. Dazu müsste man nämlich zunächst wissen, ob der Begriff englisch oder deutsch ist oder teils-teils, und wenn teils-teils, wo das Deutsche aufhört und das Englische anfängt.

Dass die drei Wörter auseinander geschrieben werden,

deutet von vornherein auf Englisch. Aber *Foto* kann nicht Englisch sein, Englisch wäre nur *Photo*. Deutsch aber kann *Digital Foto* in dieser Schreibung auch nicht sein, Deutsch wäre nur *Digitalfoto* (zusammengeschrieben) oder *digitales Foto* (getrennt und flektiert). Also ist *Digital* wohl Englisch, *Foto* Deutsch und *Maker* wiederum Englisch, und so müsste man es dann wohl auch sprechen: dídshitl foto (keineswegs fouto) mä'ker – was aber auch nicht richtig zu sein scheint, denn kein Mensch zerbricht sich beim Aussprechen von *Digitalfoto* sonst derartig die Zunge. Sollte man also besser ganz auf Deutsch schalten und das Ding *Digitalfotomacker* aussprechen?

Man sage nicht, was manche Linguisten immer wieder versichert haben: dass der massenhafte Import von Anglizismen harmlos sei, weil er ja nur das »Lexikon« und also nur die Oberfläche der Sprache betreffe, sie als (grammatisches) System aber gar nicht berühre. Hybride Komposita wie *Digital Foto Maker*, bei denen man nicht auf der Stelle erkennt, bis wohin welche Sprache reicht, tangieren die Wortgrammatik sehr wohl, schon indem sie die Wortklassen verwischen, und irritieren damit die Sprachintuition, auf die jede Sprachkompetenz angewiesen ist.

### Diskursmächtigkeit

In der spanischen Provinzstadt Leon wird ein Museum für zeitgenössische Kunst eröffnet. Der Reporter des Deutschlandfunks berichtet darüber, und natürlich muss er auch das Weshalb und das Wozu erklären. Wie tut er es? »Man will die Diskursmächtigkeit der modernen Kunst auch in der Provinz behaupten.« Das ist fabelhaft gesagt, ganz auf der Höhe der Zeit.

Erstens kommt das Wort *Diskurs* vor. Der Passepartout-begriff *Diskurs* ist immer gut und richtig. Es dient als Ausweis, dass einer befugt ist zu sagen, was er sagt.

Zweitens erspart er es sich geschickt, selber etwas zu behaupten. Er behauptet nur, was andere behaupten oder behaupten wollen. Welche anderen? Wird nicht verraten – *man will ...*

Drittens: Will man wirklich? Behaupten die Verantwortlichen des Museums, sie wollten die *Diskursmächtigkeit der modernen Kunst* behaupten? Das muss der Hörer nicht erfahren. Es ist die reine Konjektur. Daraus, dass es das neue Museum tatsächlich zu geben scheint, muss man jedenfalls schließen, dass die Verantwortlichen den Geldgebern niemals erklärt haben, sie wollten die Diskursmächtigkeit der modernen Kunst in Leon behaupten. Nicht mit diesen Worten jedenfalls, sonst gäbe es das Museum nicht.

Viertens: Es lässt sich zwar nicht genau angeben, was die *Diskursmächtigkeit der modernen Kunst* ist, da die Kunst selbst keine *Diskurse* zu führen pflegt, sondern es sich gefallen lassen muss, dass diese *über* sie geführt werden. Aber obwohl der Satz damit im Grunde unverstehbar ist, lässt sich sein Sinn dennoch erahnen. Er ist greifbar, wenn auch nur kunstvoll umschrieben, als Subtext, im Jargon der Uneigentlichkeit (→*Formatierungen des Echten*). »Wie wir wissen, wird moderne Kunst in der Provinz immer gelästert und verlacht. Die Museumsleute aber hoffen, dass sie in Leon diesem Los entgeht.« *Diskursmächtig* heißt hier also: so beschaffen, dass den retardierten Provinzlern die Spöttelei in der Kehle stecken bleibt (→*Kunstkritik*).

So wäre es natürlich etwas länger gewesen, aber deutlicher. Und verständlicher für die hypothetischen Spießer, denen jene Kunstwerke tapfer widerstehen sollen – also genau im Sinne des Reporters *diskursmächtiger.*

## Doppelpass

Nun verwahren Sie sich doch auch einmal gegen den *Doppelpass*! Gern. Hiermit erkläre ich, dass *Doppelpass* eigentlich ein »Unwort« ist. Ich verstehe, dass ein empfindliches Sprachgehör erst einmal zusammenzuckt. Denn wörtlich verstanden, bedeutet es nicht, was es bedeuten soll. *Doppelt* heißt ›zweimal das Gleiche‹. Ein Doppel-X ist ein Gebilde aus zwei gleichen X, und zwar in so enger (räumlicher oder zeitlicher oder sonstiger) Nähe zueinander, dass man sie auch als Einheit betrachten kann. Der *Doppelstern* zum Beispiel: nicht einfach zwei Sterne irgendwo am Himmel, sondern zwei eng benachbarte gleiche Sterne. Der *Doppelgriff*: der gleichzeitige Griff auf zwei eng benachbarte Tasten. Der *Doppelpunkt*: zwei eng beieinander liegende Punkte. Der andere *Doppelpass*, der beim Fußball: das Hin und Her des Balls zwischen zwei Spielern der gleichen Mannschaft. Der bewusste *Doppelpass* jedoch besteht eben nicht aus zwei gleichen Pässen, sondern im Gegenteil aus zwei ganz verschiedenen.

Aber nachdem das nun klargestellt ist, setze ich hinzu: Gewiss, astrein ist der *Doppelpass* nicht. Viele Wortbildungen vertragen es nicht, zu genau examiniert zu werden. Aber welches andere Wort gäbe es, das den gleichen Begriff, ›zwei Staatsangehörigkeiten‹, in der gleichen Kürze und Prägnanz ausdrückte?

## Dritte

Wo *Dritte* sind, sollte man meinen, ist auch ein *Erster* und ein *Zweiter*. Manchmal sind sie das tatsächlich: »Was der Arzt auch tat und der Patient verlangte, die Rechnung ging stets zu Lasten *Dritter*.« Da ist ein Arzt, da ist ein Patient, und da ist noch jemand, der die Rechnung bezahlt.

Oft aber sind solche *Dritten* weit und breit nicht in Sicht. Dann bedeutet *der Dritte* kurioserweise nur »irgendjemand«: »Rauball [hat] nie mit Aktien *Dritter* gehandelt.« – »Hormone im Steak sind in einigen *Drittländern* ganz legal.« – »Der Kurator einer Ausstellung darf behaupten, was er will, solange er damit nicht die Rechte *Dritter* verletzt.« – »Strafverteidiger erfinden einen unbekannten *Dritten*.« Was war doch gleich der *Dritte Stand*? Das Bürgertum, nach Adel und Geistlichkeit. Was der *Dritte Weg*? Ein geheimnisvoller Schlängelpfad zwischen Kapitalismus und Sozialismus. Was aber ist die *Dritte Welt*? Nein, die Welten hat nicht das Weiße Haus oder die Weltbank durchnummeriert. Der Begriff geht vielmehr zurück auf die Bandung-Konferenz von 1955, auf der sich eine Reihe von Entwicklungsländern als *Dritte Kraft* neben dem West- und dem Ostblock artikulierten.

Und wer war noch der *Dritte Mann*? Das war natürlich Harry Lime alias Orson Welles. Naht ein Dritter, klingt die Zither.

## drohen

»Jörg Immendorf droht, den Beamtenstatus zu verlieren«, hieß es in den Nachrichten. Aber Immendorf in seiner Lage war damals der Letzte, der irgendjemandem drohen konnte. Ihm selber drohte etwas, nämlich der Verlust des Beamtenstatus.

Es ist ein häufiger Fehler und ein Beispiel dafür, dass die unbedachte sprachliche Realisierung einem Gedanken manchmal durchaus nicht zur Präzisierung, sondern zur Verunklärung verhilft. Der Sprecher merkt es meist nicht, denn er denkt den Gedanken ja vorher wie nachher richtig. Dem Hörer aber, der den Gedanken allein aus den Worten rekonstruieren muss, bleibt nichts übrig, als erst den Unsinn zu denken, kurz zu überlegen, inwiefern es sich nur um Unsinn handeln kann, und sich den Gedanken dann richtig umzuformulieren. Er ist häufig in dieser Lage und hört oder liest über solche Miniaturpatzer in der Regel gnädig hinweg, bemerkt sie meist nicht einmal, weil er sowieso nur halb bei der Sache ist und das Gesagte gar nicht näher nachvollziehen will. Patzer bleiben es trotzdem. Objektiv richtiger und besser sind Ausdrücke, die es vertragen, bewusst wahrgenommen und wörtlich verstanden zu werden.

### ehrlich

Eins der Standardargumente, mit denen in den Berliner Bahnen Obdachlosenblätter an die Frau oder den Mann gebracht werden, lautet: »Ich versuche hier meinen Unterhalt *ehrlich* zu verdienen« oder »Wenn Sie mir ein Blatt abnehmen, helfen Sie mir, meinen Hunger auf *ehrliche* Weise zu stillen«. Sonst nämlich zwingen Sie mich leider, mir zu klauen, was ich brauche: Das ist Ehrlichkeit. Die angesprochenen Käufer dürfen sich etwas darauf zugute halten, mit ihrer Spende nicht nur zur Hungerbekämpfung, sondern auch zur Verbrechensverhütung beizutragen.

Noch ehrlicher aber sind die Flüche, die gelegentlich folgen, wenn so viel Ehrlichkeit nicht mit zwei Euros belohnt wird: »Ihr Arschlöcher!«

## Eigenverantwortung

Sie sind die beiden zentralen Vokabeln der quälenden Reformdebatten: *Eigenverantwortung* und ihr Gegenstück *Entsolidarisierung*. *Eigenverantwortung* – das klingt so durch und durch positiv wie *Selbstbestimmung*. Wer kann sich schon, ohne schamrot zu werden, einer *Verantwortung* entziehen? Gar der für die eigene Person? Und wer kann das Gebot der *Solidarität*, der ins Gesellschaftliche gewendeten Mitmenschlichkeit, in den Wind schlagen, bei der einer für den anderen einsteht?

Aber beide Begriffe täuschen und verschleiern, und es ist zu befürchten: mit Absicht. Sie überhöhen profane materielle Tatbestände ins Moralische, ja Philosophische. Wer sich von ihrem feierlichen Nimbus nicht einschüchtern lässt, stellt schnell fest, dass es beiden weniger ums Sittengesetz geht als um den Kontoauszug.

*Eigen-* oder *Selbstverantwortung* ist einer der Schlüsselbegriffe der neoliberalen Rhetorik, die seit Mitte der neunziger Jahre die Medien überschwemmt; die anderen sind *Risiko* und *Freiheit*. Die Logik lautet: Jeder werde gezwungen, seine Lebens*risiken selbstverantwortlich* zu tragen, dann bräche für alle das herrliche Reich der *Freiheit* an. (Merkel: »Mehr Freiheit wagen!«) Was dieses Credo übersieht oder vielmehr planvoll verschweigt: Die verheißene Freiheit stellt sich für die Bürger höchst unterschiedlich dar. Die betreffende Eigenverantwortung ist von Vorteil nur für den, der sie sich leisten kann; für die Übrigen bedeutet sie Einbußen. Das Risiko, den Arbeitsplatz noch leichter zu verlieren oder einen höheren Teil des Einkommens für Alterssicherung oder Krankheitsvorsorge aufwenden zu müssen, bringt für die unselbständig Arbeitenden, also für die große Mehrheit, keinerlei Zugewinn, sondern einen Verlust, sowohl im Lebensstandard wie an Freiheit. Das neoliberale Paradies verspricht allen eine Belohnung in Form von mehr *Freiheit*, aber abholen können sie sich nur wenige, und die anderen sollen dafür bezahlen. Das ist der neoliberale Bluff. Natürlich ist »die Wirtschaft« nicht die Caritas und muss sich in einem rasant beschleunigenden globalen Wettbewerb behaupten, und das kann sie wahrscheinlich nur, wenn die Masse der abhängig Arbeitenden mühsam errungene Besitzansprüche wieder abgibt. Aber dann soll dies wenigstens nicht so schwülstig verschleiert werden, die Leute merken es ja doch. Nicht um *Eigenverantwortung* geht es, sondern um höhere Monatsbeiträge für die zuständigen Versicherungssysteme und darum, dass die Arbeitgeber nicht mehr scheinbar die Hälfte davon tragen, also um Lohnkürzung.

*Entsolidarisierung* ist das entsprechende Schlüsselwort aus dem ex-sozialistischen Lager. Es suggeriert, die bisher übliche gemeinschaftliche Finanzierung der großen Lebensrisiken sei ein Ausdruck irgendwelcher Gefühle der Solidarität mit den Kranken und Alten gewesen. Tatsächlich erlebt wurde sie jedoch nur als eine aufgezwungene Inkassomaßnahme, als gesetzlich vorgeschriebener Lohnabzug. Nur von der höheren, überindividuellen Warte der Verrechnungsstelle her lässt sich der überpersönliche, »strukturelle« Gesamteffekt dieses Umverteilungsmechanismus notfalls in Begriffe wie *Solidarität* und *Verantwortung* pressen; mit der Alltagserfahrung der Menschen hat er wenig zu tun (→*Abbau*, →*Gleichheit*). Im Falle Zahnersatz steht das hohe Gut *Solidarität* für etwa 7,50 Euro monatlich zur Disposition. Wäre es *Solidarisierung*, wenn man sie nicht zahlte, und *Entsolidarisierung*, wenn doch?

Manche programmatische Verlautbarung der FDP liest sich heute wie eine somnambule Beschwörungsformel, mit der sich der Neoliberalismus in Trance redet: »Freiheit ist Verantwortung. Liberalismus will die größtmögliche Freiheit des Einzelnen. Die Freiheit des Einzelnen findet ihre Grenze an der Freiheit der anderen. Deshalb sind individuelle Freiheit und Verantwortung für sich selbst untrennbar. Je größer die Freiheit, desto größer die Verantwortung. Verantwortung ist das ethische Fundament der freien Bürgergesellschaft. Das Prinzip ›Freiheit durch Verantwortung‹ begründet eine Bürgergesellschaft. Die liberale Bürgergesellschaft fordert und fördert die Übernahme von Verantwortung durch den Einzelnen. Liberalismus will Freiheit zur Verantwortung anstatt Freiheit von Verantwortung. Freiheit ist nicht Egoismus. Freiheit ist Verantwortung.« Nichts hätte ein solcher Schwulst nötiger als die Erdung.

Natürlich verbergen sich hinter dem Begriffsnebel höchst dringende konkrete Fragen, die unbedingt diskutiert werden müssen. Aber besser mit deutlichen Begriffen. Darum blase man von Sätzen wie »Der Individualisierungstrend birgt das Risiko der Entsolidarisierung« oder »Eine Kultur der Eigenverantwortung bringt ein Mehr an Freiheit« (*Individualisierung! Risiko! Entsolidarisierung! Kultur! Verantwortung! Freiheit!*) erst einmal das edle Pathos fort, an dem alles Nachdenken abprallt, und frage, was Sache ist, nämlich wer nun was bezahlen soll und warum – faktische Gründe wären möglicherweise überzeugender als die ganze verlogene Tugendrhetorik.

## einfordern

Was ist der Unterschied zwischen *fordern* und *einfordern*? Ach, gibt es denn einen? Es gibt ihn, und man kann ihn noch sehr deutlich hören. *Einfordern* klingt dringender als *fordern* – aber nicht von ungefähr, sondern darum, weil einer alles Mögliche *fordern* kann, *einfordern* aber nur, was ihm rechtmäßig zusteht. Die Analogie zu *einklagen* oder *einziehen* hält die semantische Differenz in Erinnerung: Das *ein*- bezeichnet, dass man Eigenes an sich nehmen will. Indem man eine *Forderung* zu einer *Einforderung* befördert, behauptet man ihr zumindest moralisches Recht. An dem Satz »Im Rundfunkrat sollen Auskünfte eingefordert werden« gibt es möglicherweise nichts auszusetzen – aber nur dann, wenn ihm diese Auskünfte zustehen und bislang vorenthalten wurden. »Der Selbstmordanschlag hat wieder viele Menschenleben eingefordert« ist dagegen absurd.

Natürlich muss eine Sprache solche Differenzen nicht bewahren. Aber wenn sie ihr verloren gehen, schmälert sich ihr Differenzierungsvermögen.

## Einreise

Die kleinen grünen oder weißen Formulare, die bei der Einreise in die Vereinigten Staaten auszufüllen sind, waren bis vor einigen Jahren in so halsbrecherisch falschem Deutsch abgefasst, dass sie sich nur unter Zuhilfenahme des englischen Originals verstehen ließen. Das Gekicher darüber muss bis nach Washington gedrungen sein. Jedenfalls waren sie eines Tages berichtigt. Die neuen warten dafür mit einem Zusatz auf, der dem Einreisenden wohl beweisen soll, dass er im Begriff ist, ein Land mit hocheffizient »bürgernaher« Bürokratie zu betreten: »Die erforderliche

Zeit zur Vervollständigung des Formulars errechnet sich wie folgt: (1) 2 Minuten für die Durchsicht des Formulars; (2) 4 Minuten zur Vervollständigung des Formulars bei einer durchschnittlichen Zeit von 6 Minuten pro Antwort. Falls Sie sich zur Genauigkeit dieser Schätzung äußern oder Vorschläge unterbreiten möchten, wie dieses Formular vereinfacht werden kann, wenden Sie sich bitte an folgende Stellen ...«

Es ist mir leider zu umständlich, mich in eine Korrespondenz mit den angegebenen Stellen zu verwickeln, zumal ich ahne, dass das Ganze einen →*Service* darstellen soll. Darum möchte ich meine Verbesserungsvorschläge auf diesem Wege bekannt geben. (1) Zur Übersetzung: *completion* richtig übersetzen; es heißt *Ausfüllen* und nicht *Vervollständigung*. (2) Zur Vereinfachung: den ganzen Zusatz einfach weglassen, ebenso die Fragen à la »Haben Sie vor, in den U.S.A. ein Kapitalverbrechen zu begehen?«, weil die selten ehrlich beantwortet werden. (3) Zur Genauigkeit der zugrunde liegenden Schätzung: Das Formular stellt 24 Fragen. Die meiste Zeit verbringt der Einreisende damit, zu überlegen, wohin er seine amerikanische Adresse schreiben soll, da dafür nicht genug Kästchen vorgesehen sind; und alles noch einmal auszufüllen, da den Grenzbeamten der Ruf vorausgeht, Einreisende mit korrigierten Formularen ans Ende der Schlange zurückzuschicken. Aber auch wenn der Reisende alles glatt und fehlerfrei »vervollständigt« hätte, wäre er bei sechs Minuten pro Frage auf fast zweieinhalb Stunden gekommen; wollte er dagegen mit den von der Einwanderungsbehörde vorgesehenen vier Minuten auskommen, so hätte er nur zehn Sekunden für jede Frage. Also neuen Taschenrechner anschaffen.

### erkürt

»[Der Regisseur] hat sich den nie besonders virilen Charakterkomiker Hans Diehl als Lot erkürt.« *Erkürt?* Oder *erkoren?* Zweifel sind keine Schande – der Fall ist weniger eindeutig als bei →*gekrischen,* →*gewunken* und anderen Verwechslungen von schwachen und starken Partizipien.

*Küren – kürte – gekürt* ist ganz in Ordnung. Das Verb ist neu, es wurde erst im zwanzigsten Jahrhundert von *Kür* abgeleitet. Aber auch *erkürt?* In *Kür* und seinen Ableitungen steckt die germanische Wurzel *keus* ›Wahl‹. Sie findet sich in so weit auseinander liegenden Wörtern wie dem lateinischen *gustare* (›kosten‹) und dem französischen *choisir* (›wählen‹). Das neuhochdeutsche Verbum zu *keus* lautete *kiesen* ›erwählen‹, ›prüfen‹. Es war stark zu konjugieren: *(er)kiesen – (er)kor – (er)koren. Erkor* und *erkoren* hielten sich wacker, aber der »eigentliche« Infinitiv *erkiesen* siechte seit dem siebzehnten Jahrhundert vor sich hin, die Leute mochten ihn nicht, und im neunzehnten kam er ganz abhanden. An seine Stelle trat *erküren* – ein falscher Infinitiv, gebildet im achtzehnten Jahrhundert zu *erkor.* Zu dem falschen Infinitiv gesellte sich später noch ein passendes falsches Partizip: *erkürt.* So war aus dem uralten starken Verb *erkiesen – erkor – erkoren* Schritt auf Schritt ein durchweg schwaches Verb *erküren – erkürte –erkürt* geworden, das dem neuen *küren – kürte – gekürt* die Konjugationsvorlage lieferte.

Das gibt es nun zwar, es steht in den Grammatiken, aber *erkoren* gibt es ebenfalls noch, zumindest in der erweiterten Form *auserkoren,* zu der es keinen Infinitiv gibt, weder *auserküren* noch *auserkiesen.* Dieses *erkoren* stört den grammatischen Frieden. Denn ganz richtig hört sich *erkürt* immer

noch nicht an. »Den Himmel liebt er, der ihn hat erkürt, /
Die schöne Mutter, die ihn hat gebürt«?

## etwas anders

Ich vermute, *etwas anders* wurde von jenem weltbekannten
*etwas anderen* Möbelhaus in Umlauf gebracht. Dort jedenfalls
passte diese leicht ironische Umschreibung für *ungewöhnlich*
hin, ihm stand sie zu Gesicht. Bei uns, besagt sie, geht es anders zu als in anderen Möbelgeschäften, ihr müsst eure Re-
galwände schon selber transportieren und zusammenbauen,
aber das ist nur halb so schlimm, wie ihr zunächst denken
mögt, denn für die Mühe entschädigen euch ja immerhin
unsere Preise. Kurz, wir sind *anders*, aber nur *etwas*.

So zwinkert einem das *etwas anders* heute kokett zu, ein
Appell an Freunde und Feinde des Mainstream zugleich:
Seht her, wir weichen von der Norm ab, aber jene, die die
Normabweichung nicht per se schon attraktiv finden, ha-
ben nichts weiter zu befürchten, denn sie ist minimal und
wird durch andere Qualitäten kompensiert.

In einigen Fällen trifft *etwas anders* wortwörtlich zu.
»Vom Vorteil, etwas anders zu sein«, überschreibt eine Zeitschrift der Max-Planck-Gesellschaft einen Artikel über den
Nutzen minimaler Differenzen für die Evolution. Aber das
ist die Ausnahme. Der inflationäre Gebrauch hat die Wendung ausgedünnt und abgeschliffen, bis die behauptete An-
dersartigkeit verschwunden und nur der kokette Augen-
aufschlag übrig war. Was behauptet heute nicht alles, *etwas
anders* zu sein! *Die Welt der Maya etwas anders* (»Ein ganz besonders anderer Beitrag zum Thema Maya«), *Urlaub etwas
anders*, *Weltraumspiele etwas anders*, *Stade mal etwas anders*,
*Eheringe etwas anders*, *Gemüselasagne etwas anders* – und *Die*

*etwas andere Medizin, Etwas andere Kartenkalender, Etwas andere Horoskope, Die etwas andere Fakultät* (der Kirchlichen Hochschule Bethel), *Ein etwas anderer Reisebericht, Ein etwas anderer Hausbau, Ein etwas anderer Muttertag, Ein etwas anderer Allerheiligen-Grabschmuck* (nämlich ein selbstgebastelter Schneemann aus Sperrholz) ... Insgesamt findet Google *etwas anders, etwas andere, etwas anderer* und so fort fast zweieinhalb Millionen Mal. Jedes Ding, so scheint es, ist *etwas anders,* wenn man es nur wohlgefällig genug anschaut. Was ja auch wieder stimmt.

## Falsche Freunde

Von den ungezählten Anglizismen und Internationalismen, die seit dreißig Jahren ins Deutsche einströmen (→Denglisch), kommen viele so heimlich, dass man sie kaum bemerkt. Deutsche Wörter, Wendungen und Redensarten werden nach englischen Mustern neu gebildet, oder vorhandene deutsche Wörter verschieben ihre Bedeutung so, dass sie deckungsgleich mit analogen englischen Ausdrücken werden.

Plötzlich heißt das, was immer *Nebenwirkungen* hieß, *Seiteneffekte,* und nur wer Englisch kann, begreift, warum: *side effects.* Plötzlich wird ein Flugzeug von einer Fluggesellschaft *operiert,* und nicht jeder merkt, dass es gar nicht krank war. Plötzlich versichert einem ein Freund *Ich vermisse dich,* obwohl man gar nicht verloren gegangen ist. Plötzlich hört man *Der Vatikan tut sich hart mit China,* wo er sich bis dahin immer nur *schwer* getan hätte – warum? Weil *to work hard* oft, immer öfter mit *hart arbeiten* übersetzt wurde; selbst bei den weichsten Jobs wird heute nicht mehr *schwer,* sondern *hart* gearbeitet. Mittlerweile schickt sich *hart* nunmehr an, *schwer* ganz zu verdrängen, und nebenbei deklariert es jede Anstrengung zu einer Schicksalshärte um.

Eine Reihe dieser klandestinen Anglizismen, die sich ins Deutsche einschleichen, sind nichts anderes als Übersetzungsfehler, wie sie gelegentlich in informierenden Medien, massenhaft aber in dilettantisch synchronisierten oder untertitelten Spiel- und Fernsehfilmen vorkommen (→*kein Weg*).

Eine besonders gefährliche Falle, in die ahnungslose Übersetzer gerne tappen (→Übersetzen), sind die »falschen Freunde« (*false friends, faux amis*). Ein »falscher Freund« ist ein Ausdruck, der in Lautung oder Schreibung oder beidem einem fremden Wort so ähnlich ist, dass er sich als dessen Übersetzung anbietet, anbiedert, ja geradezu aufdrängt, obwohl er etwas ganz anderes bedeutet. In den französisch-deutschen Sprachbeziehungen zum Beispiel sind *délicatesse* und *Delikatesse*, *humeur* und *Humor* solche falschen Freunde. In Wahrheit bedeutet jenes ›Feingefühl‹, dieses ›Laune‹. Je verwandter zwei Sprachen sind, desto mehr falsche Freunde gibt es in ihnen; die nahe Verwandtschaft von Deutsch und Englisch führt zu besonders vielen.

Professionellen Übersetzern sind sie wohlbekannt. Da sie vielen anderen nicht bekannt zu sein scheinen, sollten sie sich langsam allgemein herumsprechen. Denn wer nicht auf die falschen Freunde gefasst ist, wird das, was er in den Medien hört und liest, oft rätselhaft finden und nicht wissen, warum. Ein Satz wie *Eventuell ging sie aus ihrem Heim ins Warenhaus* sollte nicht ohne Umschweife für bare Münze genommen werden. Wer die falschen Freunde kennt, durchschaut, dass er im Original *Eventually she went from her home to the warehouse* gelautet haben könnte und auf

Deutsch ganz anders hätte heißen müssen, nämlich *Schließ-lich fuhr sie von zu Hause ins Warenlager.*

Hier folgt eine Liste der 111 nach meinen Erfahrungen häufigsten falschen Freunde, die dem Übersetzer aus dem Englischen auflauern. Nur wer sie kennt und mit ihnen rechnet, kann sich gegen falsche Übersetzungen behaupten.

*abortive attempt* ›gescheiter-ter Versuch‹, nicht ›Abtreibungsversuch‹ (*attempted abortion*)

*actual* ›wirklich‹, nicht ›aktuell‹ (*current, up-to-date*)

*administration* ›Regierung‹, nicht ›Administration‹

*advocate* ›Befürworter‹, nicht ›Advokat‹ (*attorney, lawyer*)

*alley* ›Gasse‹, nicht ›Allee‹ (*avenue*)

*ambulance* ›Rettungswagen‹, nicht ›Ambulanz‹ (*out-patient clinic*)

*artist* ›Künstler‹, nicht ›Artist‹ (*artiste*)

*balcony* oft auch ›Galerie‹, ›Rang‹, nicht nur ›Balkon‹

*benzene* ›Benzol‹, nicht

›Benzin‹ (GB *petrol*, US *gas*)

*billion* ›Milliarde‹, nicht ›Billion‹ (*trillion*)

*brave* ›tapfer‹, nicht ›brav‹ (*well-behaved*)

*briefcase* ›Aktentasche‹, nicht ›Briefkasten‹ (*letter box*)

*catcher* ›Fänger‹, nicht ›Ringer‹ (*wrestler*)

*character* oft Figur (in einem Buch oder Film), nicht ›Charakter‹

*chef* ›Küchenchef‹, nicht ›Chef‹ (*boss*)

*closet* ›Wandschrank‹, nicht ›Klosett‹ (*toilet*)

*computer science* ›Informatik‹, nicht ›Computerwissen-schaft‹

*confession* ›Geständnis‹, nicht ›Konfession‹ (*religious denomination*)

*consequent* ›daraus folgend‹,
nicht ›konsequent‹
(*consistent*)

*critic* auch ›Literaturtheore-
tiker‹, nicht nur ›Kritiker‹
und ›Rezensent‹

*critical* oft ›entscheidend‹,
›lebenswichtig‹, nicht
›kritisch‹

*cult* oft ›Sekte‹, nicht ›Kult‹

*curious* ›neugierig‹, nicht
›kurios‹ (*odd*)

*decent* ›anständig‹, nicht
›dezent‹ (*discreet*)

*definite* ›bestimmt‹, nicht
›definitiv‹ (*definitive*)

*director* bei Film und Theater
›Regisseur‹, nicht ›Direktor‹

*disinterested* ›unvoreinge-
nommen‹, nicht ›des-
interessiert‹ (*lacking
interest*)

*drug* oft ›Medikament‹,
nicht ›Droge‹

*effectively* ›wirksam‹, nicht
›effektiv‹ (*really*)

*etiquette* ›Etikette‹, nicht
›Etikett‹ (*label*)

*eventually* ›schließlich‹, nicht
›eventuell‹ (*perhaps*)

*expertise* ›Sachverstand‹,
nicht ›Expertise‹ (*expert's
report*)

*fabric* ›Gewebe‹, nicht
›Fabrik‹ (*factory*)

*faculty* ›Fähigkeit‹, ›Lehr-
körper‹, nicht ›Fakultät‹
(*department*)

*famous* ›berühmt‹, nicht
›famos‹ (*great*)

*fantasy* ›Tagtraum‹, nicht
›Phantasie‹ (*imagination*)

*flipper* ›Flosse‹, nicht
›Flipper‹ (*pinball machine*)

*genial* ›liebenswürdig‹, nicht
›genial‹ (u. a. *ingenious*)

*genie* ›Flaschengeist‹, nicht
›Genie‹ (*genius*)

*gothic* US auch ›grotesk‹,
›schauerlich‹

*grade* US ›Zeugnisnote‹,
nicht ›Grad‹ (*degree*)

*gratification* ›Genugtuung‹,
nicht ›Gratifikation‹
(*bonus payment*)

*gymnasium* ›Sporthalle‹,
nicht ›Gymnasium‹ (*high
school, junior college*)

*hall* oft ›Lobby‹, ›Diele‹,
›Universitätsbau‹, nicht
›Halle‹

*handy* ›bequem‹, ›zur Hand‹,
nicht *Mobiltelefon* (›cell
phone‹ oder ›mobile
phone‹)

*hard* oft ›schwer‹, ›schwierig‹, nicht ›hart‹

*high school* ›Oberschule‹,
nicht ›Hochschule‹
(*college, university*)

*home* oft ›eigenes Haus‹,
›eigene Wohnung‹, nicht
›Heim‹ wie in ›Alters-
heim‹ oder ›Kinderheim‹

*humanities* etwa ›Geisteswis-
senschaften‹, nicht ›Hu-
manismus‹ (*humanism*)

*humanity* ›Menschheit‹,
nicht ›Humanität‹
(*humaneness*)

*kindergarten* ›Vorschule‹,
nicht ›Kindergarten‹

*Knickerbocker* ›New Yorker‹,
nicht ›Reithose‹ (*breeches*)

*liquor* ›Flüssigkeit‹,
›Schnaps‹, nicht ›Likör‹
(*liqueur*)

*lyrics* ›Liedtext‹, nicht ›Lyrik‹
(*poetry*)

*marmelade* ›Orangenmarme-
lade‹, nicht ›Marmelade‹
(*jam*)

*meaning* ›Bedeutung‹, nicht
›Meinung‹ (*opinion*)

*menu* ›Speisekarte‹, nicht
›Menü‹ (*daily special*)

*minister* oft ›Pfarrer‹, nicht
›Minister‹

*mundane* ›weltlich‹,
›schlicht‹, nicht ›mondän‹
(*chic*)

*neck* ›Hals‹, nicht ›Nacken‹
(*nape*)

*not necessarily* ›nicht unbedingt‹, nicht ›nicht not-
wendigerweise‹

*not really* ›eigentlich nicht‹,
nicht ›nicht wirklich‹

*novel* ›Roman‹, nicht
›Novelle‹ (*novella*)

*number* oft ›Zahl‹, nicht
›Nummer‹

*objective* ›Ziel‹, nicht ›Objektiv‹ (*lens*)

*offensive* ›anstößig‹, nicht
›offensiv‹ (*aggressive*)

*ordinary* ›normal‹, nicht
›ordinär‹ (*vulgar*)

*overhear* ›mithören‹, nicht
›überhören‹

*oversee* ›überwachen‹, nicht
›übersehen‹

*paragraph* ›Absatz‹, nicht

›Paragraph‹ (*section of a law*)

*pathetic* ›rührend‹, nicht ›pathetisch‹ (*emotional*)

*period* US auch ›Punkt‹, nicht nur ›Periode‹

*popular* oft ›beliebt‹ statt ›populär‹

*postman* ›Briefträger‹, nicht ›Postmann‹

*potassium* ›Kalium‹, nicht ›Pottasche‹ (*potash*)

*pregnant* ›schwanger‹, nicht ›prägnant‹ (*concise*)

*preservative* ›Konservierungsmittel‹, nicht ›Präservativ‹ (*contraceptive*)

*principally* ›hauptsächlich‹, nicht ›prinzipiell‹ (*in principle*)

*prospect* ›Aussicht‹, nicht ›Prospekt‹ (*brochure*)

*provision* ›Vorrat‹, nicht ›Provision‹ (*commission*)

*public school* GB ›Privatschule‹ statt ›öffentliche Schule‹

*pudding* ›Nachspeise‹, ›Pastete‹, nicht notwendigerweise ›Pudding‹ (*custard*)

*receipt* ›Quittung‹, nicht ›Rezept‹ (*recipe, prescription*)

*reform house* ›Besserungsanstalt‹, nicht ›Reformhaus‹ (*health food store*)

*rent* ›Miete‹, nicht ›Rente‹ (*pension*)

*romance* ›Affäre‹, nicht ›Romanze‹

*sensation* oft ›Sinneseindruck‹, nicht ›Sensation‹

*sensible* ›vernünftig‹, nicht ›sensibel‹ (*sensitive*)

*serious* ›ernst‹, nicht ›seriös‹ (*respectable*)

*shawl* ›Kopftuch‹, nicht ›Schal‹ (*scarf*)

*shellfish* ›Schalentiere‹, nicht ›Schellfisch‹ (*haddock*)

*silicon* ›Silizium‹, nicht ›Silikon‹ (*silicone*)

*site* ›Platz‹, ›Ort‹, ›Präsenz im Internet‹, nicht ›Seite‹ (*page*)

*slip* u. a. ›Unterrock‹, nicht ›Schlüpfer‹ (*panties*) oder ›Herrenunterhose‹ (*briefs, underpants*)

*slipper* ›Hausschuh‹, nicht ›Slipper‹ (*loafer*)

*sodium* ›Natrium‹, nicht
›Sodium‹

*solid-state* bei elektronischen
Geräten ›Transistor‹,
nicht ›Festkörper‹

*stadium* ›Stadion‹, nicht
›Stadium‹ (*stage*)

*storm* oft ›Gewitter‹, nicht
›(Regen-)Sturm‹

*student* US auch ›Schüler‹,
nicht nur ›Student‹
(*college student, university
student*)

*sympathetic* ›mitfühlend‹,
nicht ›sympathisch‹ (*nice,
likeable*)

*sympathy* ›Mitgefühl‹, nicht
›Sympathie‹ (*liking*)

*take it easy* ›immer mit der
Ruhe‹, nicht ›nimm es
nicht schwer‹ (*never mind*)

*twilight* oft ›Abenddämme-
rung‹, nicht ›Zwielicht‹

*ultimate* ›letzte(r)‹, ›endgültig‹, nicht ›ultimativ‹
(*as an ultimatum*)

*undertaker* ›Leichenbestat-
ter‹, nicht ›Unternehmer‹
(*employer, business man*)

*unsympathetic* ›ablehnend‹,
nicht ›unsympathisch‹
(*not likable*)

*vital* ›lebenswichtig‹, nicht
›vital‹ (*vigorous*)

*volume* oft ›Umfang‹, ›Laut-
stärke‹, ›Band‹, nicht
nur ›Volumen‹, ›Raum-
inhalt‹

*wall* ›Mauer‹, nicht ›Wall‹
(*rampart*)

*warehouse* ›Lagerhaus‹, nicht
›Warenhaus‹ (*department
store*)

*to wonder* ›sich fragen‹, nicht
›sich wundern‹ (*to be
surprised*)

### *feige*

Soundso »fiel dem *feigen* Anschlag eines Selbstmordattentä-
ters zum Opfer« – automatisches Sprechen, »Spreche ohne
Denke«, denn das Attribut *feige* dürfte im Falle von Selbst-
mordattentätern eins der unpassendsten sein. Wären sie doch
bloß etwas feiger!

Die politische Sprache hielte sich besser ganz frei von

solchen psychologischen Innenbeschreibungen. Die gedankenlose rituelle Formel *feiger Selbstmordanschlag* ist ein Relikt aus der Zeit der *feigen Attentate*, der *heimtückischen Morde*, als die Menschen noch das Ideal persönlicher ritterlicher Zweikämpfe im Kopf zu haben schienen und seine Anerkennung bei jenen Tätern vermissten, die ihren Opfern nicht zum offenen Duell gegenübertraten und das eigene Leben nicht riskieren mochten. Wer jemanden hinterrücks erschoss und sich dann im Dunkeln aus dem Staub machte, war ein *feiger Mörder*. Er hatte nicht nur ein Kapitalverbrechen begangen, sondern sich dabei sozusagen einer unfairen, unsportlichen Handlungsweise schuldig gemacht. Schon vor Jahrhunderten hat die moderne Kriegführung diesen Maßstab außer Kraft gesetzt. Der Selbstmordanschlag setzt ihn anachronistischerweise wieder in Kraft: Er fordert Menschenleben und gibt bereitwillig das eigene dafür hin. Wenn das eines nicht ist, dann *feige*.

## Flair

Manche Wörter bedeuten einfach nicht, was alle denken. →*Brandschatzen* ist eines, ein anderes →*Kontrahent*, ein weiteres *Flair*. Es bedeutet im Französischen – und bedeutete früher auch im Deutschen – ›Witterung des Hundes‹ im besonderen und ›Spürsinn‹ oder ›Fingerspitzengefühl‹ im allgemeinen. In einem fort aber wird es im Deutschen verkannt und mit *Air* verwechselt. Der Erfinder der Plastikuhr, heißt es etwa in der Zeitung, habe ihr »das Flair verliehen, preiswert, aber nicht billig zu sein«. Münchener Showakrobaten bieten Galas mit Flair an.

Nun werden *brandschatzen* und *Flair* in ihrer ursprünglichen Bedeutung vielleicht nicht mehr benötigt, sodass nichts gegen ihre Umdeutung spricht. Es gibt aber nun einmal Menschen, die sich an den Ursprung des einen oder anderen Worts erinnern. Für sie bleiben Sätze wie der ungewollt komisch, jemand solle »in blühenden Städten kulturelles *Flair* inhalieren«. Da empfiehlt der Reiseprospekt also die Einatmung des Geruchssinns.

## Formatierungen des Echten

Bald ein halbes Jahrhundert ist es her, dass Theodor W. Adorno die damals vorherrschende so leere wie geschwollene Sprache der deutschen Kulturszene als den »Jargon der Eigentlichkeit« brandmarkte[3]: »Während er überfließt von der Prätention tiefen menschlichen Angerührtseins, ist er unterdessen so standardisiert wie die Welt, die er offiziell verneint ... Er verfügt über eine bescheidene Anzahl signalhaft einschnappender Wörter. Eigentlichkeit selbst ist dabei nicht das vordringlichste ... Als Modell reichen fürs erste existentiell, ›in der Entscheidung‹, Auftrag, Anruf, Begegnung, echtes Gespräch, Anliegen, Bindung aus ... er ist die Wurlitzer-Orgel des Geistes.«

Was ist aus diesem Kulturbetriebsjargon der letzten Jahrhundertmitte geworden? Ist er noch immer virulent? Keineswegs. Er ist beflissen durch die Fegefeuer der Kritischen Theorie, des Marxismus, der Psychoanalyse, des Strukturalismus, der Dekonstruktion, der Semiotik, der Werbewirtschaft, der Esoterik gegangen, und herausgekommen ist ein heterogenes, von jeder Eigentlichkeit gereinigtes Gemisch, dessen gemeinsamer Nenner am ehesten darin besteht, dass es ein Jargon der Uneigentlichkeit ist. Sein oberstes Gebot scheint nämlich zu lauten: ja nichts so zu sagen, wie man es eigentlich sagt, sondern, eben, uneigentlich. Die uneigentliche Redeweise soll die Kulturgegenstände, um die es geht, interessanter machen, und nebenbei macht sich der Autor selbst mit ihr auch dort interessant, wo er nichts zu sagen hat.

Jedes Frühjahr findet in Berlin ein »Theatertreffen« statt, eine Werkschau der zehn Inszenierungen der letzten Monate, die eine Jury für die bemerkenswertesten hält. Wie beschreibt das dazugehörige Faltblatt sie dem Publikum?

In einem der Stücke sei zu sehen, wie die Titelfigur »die Macht des kulturell und sexuell Hybriden« demonstriere, »mit der man den Menschen ihre Bewunderung stiehlt«. Rätselfrage: Um welches Stück mag es sich handeln? Es ist eins, das jeder kennt, auf das man aber aufgrund dieser uneigentlichen Beschreibung nie käme: *Othello oder Die Macht des kulturell und sexuell Hybriden, das den Menschen ihre Bewunderung stiehlt*. Muss man gesehen haben.

In einer anderen Aufführung passiert ebenfalls Tolles: »Die Komplexität, mit der die verschiedenen Kontexte überlagert werden, schafft einen Assoziationskosmos, der in sich ungeheuer dicht ist und trotzdem Raum lässt für Störfälle und Fragen, Kraut und Rüben, für das Chaos der Welt.« Das ist so ungeheuer undicht, dass es sich nur um Schlingensief handeln kann. Auch das *Kraut und Rüben* verrät ihn. Nicht, dass nur bei ihm *Kraut und Rüben* vorkämen; aber nur bei ihm würde ein Kritiker sich trauen, *Kraut und Rüben* zu attestieren und darauf zu setzen, dass das als Kompliment verstanden wird.

Nicht um Kraut und Rüben, aber auch um Agrarprodukte scheint es in einem anderen Stück zu gehen, Juliane Kanns *blutiges heimat*: »Klaustrophobie im Mikrokosmos Dorfgemeinschaft. Machtstrukturen rund um einen Schweinemastbetrieb führen zu Egozentrik und Neid und lösen eine Welle der Gewalt und sogar eine regelrechte Hexenjagd aus.« Der *Schweinemastbetrieb* hier ist zwar überraschend konkret und deutlich, »kapitalistischer Produktionszusammenhang« wäre jargongerechter gewesen, aber dafür ist dieser Stall dankenswerterweise von *Machtstrukturen* umwabert.

Um solche Sätze zu dekonstruieren, den Subtext unter ihnen zu entziffern, den geistigen Voraussetzungen nachzuspüren, die sie ermöglicht haben, bedürfte es eines Adorno. Am Ende aber würde sich wahrscheinlich herausstellen, dass sich das Vokabular der Eigentlichkeit zwar in nichts aufgelöst hat, der Jargon der Uneigentlichkeit sich aber nur durch das Vorzeichen der Vorsilbe von dem der Eigentlichkeit unterscheidet. Was herauskommt, ist der gleiche Schmock, aber jetzt nicht mehr süßlich, sondern säuerlich. Seine Vagheit inspiriert sich nicht mehr an der Bußpredigt, sondern am pseudowissenschaftlichen Traktat.

Beide schweben hoch über den Dingen, die zunächst einmal zu beschreiben sie unwillens oder unfähig sind: Auch die angeblich unerhörtesten Vorkommnisse werden in dieser Sicht nur aus der Ferne wahrgenommen, und sie scheinen längst verarbeitet, einsortiert und weggeheftet zu sein.

Beide verfügen über eine bescheidene Zahl signalhaft einschnappender Begriffe: *Komplexität, Projekt, Kosmos, Mikrokosmos, Konzept, Kontexte, Diskurse, Formatierungen des Echten* (im Jargon der Eigentlichkeit *Kunst* genannt), *offensive Interpretationen, kurzgeschlossene Bedeutungsebenen, Symptome, System, Zeichensysteme, Machtstrukturen, Macht des Hybriden* …

Beide nehmen die Welt nur im fahlen Licht kommoder Abstrakta aus dem Nachlass irgendeiner Ideologie zur Kennt-

nis. Wie kommt jemand dazu, »Individualismus und Se-
xualität« als die beiden »neuralgischen Punkte« zu bezeichnen, »bei denen der Kapitalismus uns am Wickel hat«? Wie
kommen wir dazu, es ihm durchgehen zu lassen? Die Aussage ist schließlich nicht sinnvoller als »Ehrgeiz und Nah-
rungsaufnahme waren die neuralgischen Punkte, bei denen
der Kommunismus die Menschen am Wickel hatte« – abgesehen davon, dass schwer einzusehen ist, wie einen etwas bei einem *neuralgischen Punkt am Wickel haben* kann.
Umwickelt der Kapitalismus den Musikantenknochen der
Leute mit Zopfbändern (denn das bedeutet *Wickel*) und
zwingt sie dergestalt zu Individualismus und Sex? Und was
ist das überhaupt für ein Paar, Individualismus und Sex?
Indessen haben beide Jargons nicht so sehr den Zweck,
dem Leser oder Hörer etwas mitzuteilen, eine Beobach-
tung, ein Argument oder gar irgendeine Tatsache. Vor allem dienen sie vielmehr ihren Autoren als eine Art Pla-
kette. Seht her, sagen sie, ich gehöre zur erwählten Schar
jener, die die Heillosigkeit der Welt durchschaut haben und
nun sogar beim abendlichen Theaterbesuch »permanent
damit beschäftigt sind, neue Konzepte für sich selbst zu
entwerfen, ohne zu wissen, was eigentlich deren Inhalt und
Zweck sein soll« (Inhaltsangabe eines Stücks von Johannes
Schrettle). Was wurde da noch gespielt? Jedenfalls irgend-
was mit *Zeichensystemen* und *Machtstrukturen* (→Kunstkritik).

## Frauen & Kinder

Auf den Balkan würden »Soldatinnen und Soldaten« geschickt, sprach der Verteidigungsminister, und das ist nicht
nur korrekt, sondern unumgänglich, hat man sich einmal
das Verbot auferlegt, die unmovierte Grundform der Be-

rufsbezeichnungen unabhängig von ihrem grammatischen Geschlecht für jene zu halten, die alle meint, Frauen wie Männer, so wie das in weniger erleuchteten Zeiten geschah. Aber wieso eigentlich die *Soldatinnen* vorweg? Die ja hier nicht gerade in der Überzahl sind? Ist das nicht ein Rückfall in ebenjene unerleuchteten Zeiten, als die Männer den Frauen ihre Missachtung bekundeten, indem sie ihnen chevaleresk den Vortritt ließen?

Und wenn es um →Gleichheit bis in die Sprache geht – wie verträgt sich die mit dem Satz, es würden »Kinder und Frauen« bevorzugt ausgeflogen? Zählt bei einem Mann die Flüchtlingsnot weniger? Weil Männer härter, zäher, weniger verwundbar, weniger wertvoll sind? Aber wäre diese Annahme nicht geradezu sexistisch? Bei einem Krieg hätten »vor allem Frauen und Kinder« zu leiden, hieß es in einer Resolution der Bundesministerinnen am Internationalen Frauentag 2003. Ach ja? Als Kind durfte der Mann noch unter dem Krieg leiden, heute dürfte er ihm nichts mehr ausmachen?

Oder wie ist es hiermit: »Man darf im Europa des beginnenden 20. Jahrhunderts nicht zulassen, dass Menschen nur deshalb umgebracht werden, weil sie einer anderen Volksgruppe angehören.« Nur? Aus anderen Gründen dürften sie also? Hat der Mensch etwa nur dann ein Anrecht, von seinesgleichen nicht umgebracht zu werden, wenn er eine Frau, ein Kind oder ein Angehöriger einer anderen Volksgruppe ist?

Die politisch korrekte Sprache ist eine schwere Sprache. Dauernd sagt man in ihr nebenbei etwas, was man gar nicht sagen wollte.

## Gefühle

Der Mann (von einem Bundesinnenminister ist die Rede)
»kann Klavier spielen, dabei zeigt er sogar Gefühle ...«.
Nicht dies oder jenes bestimmte Gefühl, sondern *Gefühle*,
ganz allgemein.

Jedes Wort mag auf den ersten Blick verständlich sein,
dennoch versteht man gewisse Sätze nur, wenn man die
Sondersprache beherrscht, zu der es im jeweiligen Zusammenhang gehört. Hier ist es der Jargon der Sensibilität. In
dem bedeuten *Gefühle* erstens ein einziges hochspezielles
Gefühl, das der erotischen Bewegtheit, um das es hier aber
offenbar nicht geht, zweitens: irgendetwas Gefühlsartiges,
das anzeigt, es mit einem Menschen und nicht einem Ro-
boter zu tun zu haben. *Gefühle zu zeigen*, egal welche, ist im
Jargon der Sensibilität ein hohes Verdienst, darum das *sogar*.
Diese Belobigung wiederum beruht auf der sensibilistischen
Grundüberzeugung, alle hätten Gefühle, viele zeigten sie
aber nicht, was sie seelisch krank mache. (Tatsächlich scheint
die Krankheit eher darin zu bestehen, dass manche keine
Emotionen aufbringen können, wo andere welche haben –
und in einer entsprechenden Unfähigkeit zur Empathie.)

Ein wenig enttäuschend, wenn die gezeigten und a
priori verdienstvollen, weil ach so menschlichen *Gefühle*
dann doch beschrieben werden. Hier handelte es sich um:
Wangenrötung, Verbeugung, Hand aufs Herz – eigentlich
gar keine Gefühle, sondern Gesten. Dennoch ergab sich
daraus »eine dichte, gefühlsbewegte Szene«. Wer *Gefühle*
zeigt, ist ... Natürlich, *verletzbar* ist das Wort, das im Jargon
der Sensibilität nicht etwa ›leicht gekränkt‹ bedeutet, was
keine Tugend wäre, sondern was wohl? Und siehe, da steht
es auch gleich: »... der seine Eitelkeit freimütig eingesteht

und deshalb verletzbar ist.« *Sensibel* eben – aber doch auch leicht beleidigt, nur auf eine edlere Art, wenn man ihm dumm kommt.

### gekrischen

Stimmt da etwas nicht? »Die Reaktionen haben mich erschrocken.« – »Heil stand es um die Welt, als man die Deutschen ... bei den Füßen aufhing.« – »... haben darauf gedrungen, dass ...« – »Man hat sich lange in der Hoffnung gewogen ...« – »... die Diskriminierung und Verfolgung homosexuell gesonnener Menschen«.

Nein, da stimmt etwas nicht, die Konjugation nämlich. *Erschrecken* und *hängen* gibt es doppelt, transitiv und intransitiv. Die intransitive Form wird stark konjugiert (*erschrak, hing*), die transitive aber schwach (*jemanden erschreckt haben, etwas aufgehängt haben*). »Er *hing* den Mantel an den Haken« klingt immer noch nicht richtig, auch wenn diese Verwechslung schon alt ist, es um des Reimes willen »Mitgefangen, mitgehangen« heißt und Fontane einmal geschrieben hat, »... wir Ärmsten werden ... als rote Reaktionäre gehangen werden«. *Gesonnen* heißt ›gewillt‹, *gesinnt* ›eingestellt‹. *Wiegen* gibt es zweifach; das eine bedeutet ›Gewicht feststellen‹, das andere ›schaukeln‹. »Das Kind wurde in der Wiege gewogen« oder »Er hat den Kopf gewogen« würde wahrscheinlich niemand sagen, die Verwechslung droht nur bei metaphorischem Gebrauch. Die Zweifel beim Verb →*küren* (*erkoren? gekürt?*) sind ein anderer Fall.

Manchmal werden Vergangenheitsformen dem falschen Verb zugeordnet. Man hört: »Sie haben auf die Maßnahmen gedrungen« statt *gedrängt*, weil *drängen – drängte – gedrängt* und *dringen – drang – gedrungen* einander in die Quere kommen. Schließlich gibt es ein starkes Verb, das auch die Zeit nicht schwach gemacht hat: »Hass gebärte neuen Hass« (statt *gebar*) – schlicht ein Fehler.

Einige schwache Verben sind dabei, stark zu werden. Zunächst wirkt die Metamorphose fehlerhaft. Wenn der Fehler oft genug gemacht wird, wirkt die frühere schwache Form falsch – so im Fall →*gewunken*. So weit ist es mit *kreischen* noch nicht. Der Satz »… am Zockerstand wird gekrischen« war vermutlich ironisch gemeint und hieß eigentlich: Am Zockerstand waren Leute, die *gekrischen* statt *gekreischt* sagen würden. Vermutlich nicht ironisch gemeint war »Das krisch einmal eine feministische Studentin meinem Kumpel ins Ohr«.

So vollzieht sich Sprachwandel. Er hat nichts Gesetzmäßiges. Irgendwo, irgendwie wird ein Fehler gemacht, unterläuft ein Systemverstoß, kommt eine neue Marotte auf, andere machen sie nach, und eines Tages hat das System vielleicht den Verstoß integriert, und er allein ist es jetzt, der das Maß gibt. Bis dahin aber ist jeder Sprecher gefragt, ob er selber dafür oder dagegen ist, den Fehler mitzumachen. Niemand nimmt ihm die Entscheidung ab.

## Gemengelage

Die *Gemengelage* ist in den letzten dreißig Jahren zu einer der Lieblingsvokabeln der öffentlichen Sprache geworden. »Das Hickhack um die Staatsräte-Posten tat ein Übriges. Das ergibt eine brisante Gemengelage, denn untereinander wird kräftig gekeilt …« – »Das ist die Gemengelage, in der sich die europäische Verfassung befindet.« Aber wer weiß schon, was eine *Gemengelage* ist? Und kann also entscheiden, wo das Wort angebracht ist und wo nicht?

Ursprünglich stammt der Begriff aus dem mittelalterlichen Flurrecht. Er bezeichnet die gestreute Lage der zu einem Ackerbesitz gehörenden Parzellen. Das Gegenteil ist die *Einödlage*, bei der die Flurstücke (und ihre verschiedenen Nutzungen) zusammenhängend daliegen, *arrondiert* sind. Seit langem wird das Wort auch metaphorisch gebraucht, vor allem in der Geschichtsschreibung, der Soziologie und der Publizistik, und dagegen ist an sich nicht das mindeste einzuwenden. Im diesem übertragenen Sinn ist die *Gemengelage* eine Situation, an der auf schwer entwirrbare Weise verschiedene Einflussfaktoren beteiligt sind. Die metaphorische *Gemengelage* hat oft ein Adjektiv bei sich. Sie ist *schwierig, komplex, kompliziert, diffus, konfus, unübersichtlich, wirr, verworren, unentwirrbar, undurchsichtig, vertrackt, verzwickt, unsicher, gefährlich, beängstigend,* aber nie so *günstig, vorteilhaft, vielversprechend,* wie es die wortwörtliche *Gemengelage* ebenfalls sein könnte – und schon das deutet darauf hin, dass der ursprüngliche Sinn in Vergessenheit gerät.

Wenn die *Zeit* schreibt, der Konzern Microsoft sei eine *Gemengelage* unterschiedlicher Firmen mit Bill Gates an der Spitze, ist dem Autor der ursprüngliche Sinn offenbar so deutlich präsent, dass er damit sogar seinen Scherz treiben kann. In einem Satz dagegen wie »Es wandelt sich die parteipolitische Gemengelage« bedeutet das Wort nur noch so viel wie ›(irgendwie konfuse) Situation‹. Wenn ein Politiker die Stimmung in Ostdeutschland als eine »Gemengelage von Nostalgie und Frustration« bezeichnet, meint er schlicht ein *Gemenge*, das er durch eine wichtigtuerische Verlängerung sprachlich ein wenig aufmotzt.

Und was bedeutet sie, wenn ein Pfarrer (im Internet)

Folgendes predigt? »Wenn wir uns selbstkritisch betrachten, dann werden wir feststellen, dass unsere Motivationen immer ein Gemenge sind, ... viele eigennützige Motive [bestimmen] unser Handeln und Gutes-Tun mit ... Wir werden nur ganz selten aus der Gemengelage herauskommen. Aus der Gemengelage unserer Motivationen und aus der Gemengelage, in die das Tun des Guten immer wieder gerät, wenn es öffentlich getan wird ... Wir werden darum in der Gemeinde auch weiterhin Sponsoren in der Zeitung abbilden und ihnen danken für ihre Spende.« Hier ist der ursprüngliche Sinn gänzlich entschwunden, und die *Gemengelage* ist nur noch, was sonst ein Dilemma heißt, das Dilemma, Geldgeber im Gemeindeblatt dankbar abbilden zu müssen und es nicht zu wollen.

Geht auch das in Ordnung? *Gemengelage* als bloßes Synonym für ›vertrackte Situation‹? Die Ausweitung eines fortgesetzt ungenau gebrauchten Begriffs lässt sich natürlich nicht aufhalten. Aber man muss sich über den Preis jeder solchen Bedeutungserweiterung klar sein. Wenn die *Gemengelage* vollends ausgeleiert ist, haben wir zwei Wörter für den Begriff *Klemme*, von denen eins überflüssig ist – und keines mehr für eine *Gemengelage*.

## Gewalt

Dem Wort *Gewalt* widerfuhr ein ähnliches Schicksal wie dem Wort →*Terror*. Der Begriff, für den es einmal stand, wurde ausgeweitet, ausgedünnt bis zur Bedeutungslosigkeit. *Gewalt*: »das Recht und die Mittel, über einen anderen zu herrschen«, definiert das Lexikon, und es schien zunächst plausibel, auch in subtilen Zwangsmaßnahmen, ja in allen gesellschaftlichen Verhältnissen ein Element von *Ge-*

*walt* aufzuspüren und zu denunzieren. Aber es brachte nur einen scheinbaren Erkenntnisgewinn, einen unfreundlichen Blick über den gemeinsamen Nenner *Gewalt* mit einer Handgranate in eins zu setzen. In Wirklichkeit entwertete die Entdeckung der *strukturellen Gewalt* das Wort, bis es alles bedeuten konnte und nichts mehr bedeutete. Die Übertreibung verdeutlichte nicht, sondern verwischte die Unterschiede.

Wo wurde nicht alles *Gewalt* diagnostiziert! Ein Sprachwissenschaftler wehrte sich einmal gegen vorgebliche »Sprachnormen«, also Vorschläge für einen richtigeren Sprachgebrauch, weil diese mit →Sanktionen bewehrt werden müssten, »womit selbstverständlich Gewaltanwendung verbunden ist«[4]. Also wäre die Empfehlung, doch bitte einmal einen Blick in den *Duden* zu werfen, »selbstverständlich« mit einer körperlichen Züchtigung gleichzusetzen. Offenbar ist *selbstverständlich* hier eben das, was sich nicht von selbst versteht. Das Überdehnen der Begriffe macht diese nicht tauglicher für die Abbildung der Wirklichkeit – es bringt nur die Wörter um ihren Kredit.

### gewunken

*Winken*, schwaches Verb, meldet schon der Lexer aus dem Mittelhochdeutschen: *winken, winkte, gewinkt*. Nur eine Quelle behauptet, es habe einmal die Form *ich wanc* gegeben. Die Wörter kommen und gehen, die Syntax aber, die Morphologie bleibt. Dass ein Verb seine Konjugationsklasse ändert, passiert selten. Wenn, dann wird ein starkes Verb schwach, siehe *hängen – hing – hängte*. Dass ein schwaches Verb stark wird, passiert noch seltener. Vor dreißig Jahren war *gewunken* – in Analogie zu *gestunken* – nur ein gelegent-

licher Scherz (in der Schweiz muss er sehr viel früher auf-
gekommen sein); dann wurde er immer öfter gemacht und
dabei von Mal zu Mal schaler. Und eines Tages, siehe da, war
eine Generation herangewachsen, die hatte ihn so oft gehört, dass sie *gewunken* für das normale Partizip II von *winken*
hielt. »Da hatten die Banken bei der Existenzgründung
schnell abgewunken«, »In der McKinsey-Zentrale wird hef-
tig abgewunken« – in der vorigen Generation hätten sich
Bank und McKinsey mit *gewunken* lächerlich gemacht.
Heute tut es nicht einmal Ex-Bundestagsvizepräsidentin
Kathrin Göring-Eckhardt, wenn sie von dem »Damokles-
schwert« spricht, »mit dem da immer gewunken wird«, obwohl schon das Bild des winkenden hängenden Schwertes,
von *gewunken* abgesehen, eine gewisse Komik hat.

Eine mitfühlende Leserin hat mir dazu einmal ein Gedicht des vergessenen Satirikers Moritz Gottlieb Saphir
(1795–1858) geschickt, das zu hübsch ist, um es für mich zu
behalten:»Weil gar zu schön im Glas der Wein geblunken, /
hat sich der Hans dick voll getrinkt. / Drauf ist im Zickzack
er nach Haus gehunken / Und seiner Grete in den Arm ge-
sinkt. / Die aber hat ganz mächtig abgewunken / und hinter ihm die Türe zugeklunken.«

### Gleichheit

Im Herbst 2004 geriet der Gleichheitsbegriff (→Nobler
Schall) wieder einmal in die Schlagzeilen, als der amtie-
rende Bundespräsident bemerkte, es gebe »nun einmal
überall in der Republik große Unterschiede in den Le-
bensverhältnissen. Das geht von Nord nach Süd wie von
West nach Ost. Wer sie einebnen will, zementiert den Sub-
ventionsstaat und legt der jungen Generation eine untrag-

bare Schuldenlast auf.« Sofort wurde ihm empört entgegengehalten: Das Grundgesetz bestehe aber auf *Gleichheit*. (Hier ging es nicht um irgendeine ideelle *Gleichheit*, sondern um eine sehr konkrete, nämlich um die Mittelverteilung zwischen Bund und Ländern.)

Tatsächlich verlangt das Grundgesetz in Artikel 72,2 nur, der Bund habe für die »Herstellung *gleichwertiger* Lebensbedingungen« zu sorgen. Bis 1994 hieß es an dieser Stelle noch nicht *gleichwertiger*, sondern klipp und klar *einheitlicher* – die Bundesländer hatten einen Austausch der Begriffe verlangt, da sie einen zu großen *Gleichmachungsdruck* der Bundesregierung befürchteten (die berüchtigte *Totalnivellierung*). Groß war der semantische Unterschied nicht. *Gleichwertigkeit* gibt lediglich dem subjektiven Ermessen einen etwas größeren Raum als *Einheitlichkeit* oder *Gleichheit*. Auch Ungleiches kann man bei Bedarf als *gleichwertig* deklarieren, in der relativen Armut darf sogar, wer will, den höheren Wert erkennen. Tatsächlich aber besteht das Grundgesetz in Artikel 106,3 nach wie vor darauf, dass nicht die *Gleichwertigkeit*, sondern »die Einheitlichkeit der Lebensverhältnisse im Bundesgebiet« zu wahren sei – an dieser Stelle war nämlich die Korrektur schlicht vergessen worden. Der Bundespräsident hatte also zwar nur etwas Selbstverständliches ausgesprochen, aber dennoch den Buchstaben des Grundgesetzes verletzt.

*Gleichheit, Gleichwertigkeit, Einheitlichkeit* – als regulative Begriffe der Politik wären diese Vokabeln nur brauchbar, wenn jeweils spezifiziert würde, in welcher Hinsicht Unterschiedliches gleich gemacht werden soll. Sonst sind sie nichts als eine Einladung zu Illusionen und endlosen Sophistereien.

# Globalesisch

»Die Welt wird immer globaler«, orakelte ein Intelligenzblatt neulich. Auch sprachlich, kann man nur hinzusetzen.

Durchaus global breitet sich ein pidginartiges Kauderwelsch aus Wortfragmenten internationaler Provenienz heraus. Oft sind sie englischer Herkunft, oft gräkolateinischer, manchmal lässt sich ihnen ihre Herkunft nicht mehr ansehen. Es ist ein eigenes Rumpfvokabular, bestehend aus nur einer Handvoll Stummelwörter, einer Hundertschaft:

*absolut, aktiv, anti, auto, basis, bio, boom, boss, box, call, center, chance, check, city, clip, color, com, compact, contra, crash, cyber, data, deko, demo, direkt, doku, euro, ex, express, extra, fit, gastro, global, hybrid, info, inter, invest, job, klick, line, live, maxi, media, mega, metro, mini, mix, mobil, multi, net, office, okay, öko, on, online, pack, park, partner, pay, pic, player, point, polit, poly, post, power, premium, pro, problem, profi, pseudo, psycho, quick, rapid, real, saga, select, semi, senso, service, set, sex, shop, show, snack, spezial, star, start, stop, story, super, system, team, tech, tele, test, ticket, tipp, top, total, trans, trend, turbo, ultra, uni, world …*

Diese Wortstummel sind meist unflektierbar und lassen sich fast beliebig aneinander reihen. Niemanden würde ein *Super Sex Gastro Premium Service* verwundern. Vielfach können sie nicht einmal einer bestimmten Wortklasse zugeordnet werden – man erkennt oft nicht, ob man ein Substantiv, Adjektiv, Adverb, eine Präposition oder ein bloßes Affix vor sich hat oder mal dies und mal das. Eines sind die allermeisten jedenfalls nicht: Verben. Die fehlen dem globalesischen Wortschatz bisher weitgehend. Ohne Verben aber keine vollständigen Sätze und mithin keine Satzgrammatik. Zu einer eigenständigen Behelfssprache fehlt dem Globalesischen derzeit immer noch eine Grammatik. Man kann damit nur benennen, aber keine Aussagen treffen.

Sonst sprächen wir längst alle so.

## Grande Nation

Wenn deutsche Journalisten von Frankreich sprechen oder schreiben, nennen sie es gerne augenzwinkernd *die Grande Nation* – so als zitierten sie Franzosen sonder Zahl, die von ihrem Land dauernd als der Großen Nation sprechen. Als sei es dortzulande die Standardbezeichnung, die man zwar von deutscher Warte aus für anmaßenden und lächerlichen Patriotismus halte, aber großzügigerweise als eine dieser liebenswerten französischen Marotten durchgehen lassen werde wie die Vorliebe für sehr langgestreckte Brote. Ein Mittelding zwischen Neid und Verachtung klingt bei diesem *die Grande Nation* mit. Radiosprecher pflegen eine kleine Pause zu machen, ehe sie den suspekten Ausdruck über die Lippen bringen, Fernsehmoderatoren würden die Hände in Gesichtshöhe heben und mit den Zeigefingern wackeln (»Tüttelchen!«).

Da mag es als Überraschung kommen, dass *Grande Nation* ein deutsches Stereotyp ist und kein französisches. Mit Google lassen sich Dutzende von Belegen dafür finden, dass deutsche Journalisten Frankreich so nennen, aber kein einziger aus Frankreich selbst. Dort scheint das formelhafte *grande nation* als ironische Bezeichnung für alles Mögliche im Schwange zu sein – die große Nation der Baseballer, der Surfer, der Araber, der Moon-Sekte –, nur nicht für Frankreich. Wenn deutsche Medien den Franzosen ungebührlichen Patriotismus unterstellen wollen, sollten sie sich langsam nach anderen Belegen dafür umsehen.

## grausamer Vernichtungskrieg

*Von der Wolfsschanze aus leitete Adolf Hitler seinen grausamen Vernichtungskrieg,* berichtet das Radio, *den blutigen Zweiten Weltkrieg.* Das geschah zur Zeit des *verbrecherischen Naziregimes,* des *menschenverachtenden Nazismus,* des *menschenverachtenden, verbrecherischen Hitlerstaates.* Ich finde solche Sätze schon ganz in Ordnung. Es stehen in ihnen nur zu viele Adjektive.

Natürlich ist es hochanständig, immer wieder daran zu erinnern, dass ein Vernichtungskrieg *grausam* und *blutig* ist und das Naziregime *verbrecherisch* oder *verwerflich* oder *schändlich* oder *unselig* war. Man versteht auch, dass die Sprecher ihre moralische Distanz ausdrücklich bezeugen möchten. Sie wollen unbedingt dem Verdacht vorbeugen, selber einen Vernichtungskrieg nicht für grausam und das Nazireich nicht für verbrecherisch zu halten. Trotzdem, mit Verlaub, diese Adjektive sind redundant. Was sie sagen wollen, versteht sich von selbst. Indem sie es doppelt sagen, scheinen sie es für zumindest denkmöglich zu halten, Krieg und Nazistaat ganz anders einzuschätzen. Die ständige, fast automatische moralische Verurteilung bestimmter Phänomene erweckt den Eindruck, sie könnte nötig sein: Ohne sie würde die Bevölkerung sofort in einen neuen Nazismus abgleiten. Aber einstweilen ist sie nicht nötig, und darum sind diese Adjektive billig.

Wie billig sie sind, erweist sich an einem Satz wie »Die Neue Gartenlaube druckte Lobeshymnen auf das verbrecherische Naziregime«. Er führt nur in die Irre. Schließlich hat die *Gartenlaube* damals das Regime gelobt, nicht seine Verbrechen, und die Vorstellung, die hier suggeriert wird, eine brave spießige Familienzeitschrift hätte ausdrückliche

Lobeshymnen auf Verbrechen angestimmt, ist dem historischen Verstehen abträglich.

Außerdem sind diese redundanten und billigen Adjektive viel zu blass. *Grausam* ist ja »gar kein Wort« für ein Geschehen wie den Zweiten Weltkrieg. Was wird nicht alles
*verbrecherisch* genannt? »Handke hält die Nato für verbrecherisch.« – »Die Gesellschaft geht verbrecherisch mit der
Natur um.« – »Die Entdeckung eines anderen Volkes ist
immer verbrecherisch« ...

Etwas mit gestanzten Floskeln zu bezeichnen, die nur
den Zweck haben, sich selbst Vollkasko zu versichern, verrät nicht persönliche Erschütterung, sondern Bequemlich-
keit. Manche Dinge sind zu ernst, als dass die Empörung
über sie zur Phrase erstarren dürfte.

## *Hartz IV*

Wenn eine staatliche Maßnahme dem Volk missfällt, werfen sich die verantwortlichen Politiker mit Vorliebe *handwerkliche Fehler* vor. Der größte dieser handwerklichen Fehler,
so heißt es hinterher, besteht in der Regel in *unzureichender
Vermittlung* oder *mangelhafter Kommunikation*. So wird zwecks
Schadensbegrenzung als Erstes eine Kommunikationsof-
fensive »gefahren«.

Der schwerste handwerkliche Kommunikationsfehler
besteht in einer ungünstigen Bezeichnung. Ein Rundfunk-
sender stellte dem Romanisten Hans-Martin Gauger im
Sommer 2004 die Frage, ob es ratsam war, die letzten Ar-
beitsmarktreformen mit *Hartz IV* zu bezeichnen. Er: Nein,
es sei grundfalsch gewesen, eine wichtige sozialpolitische
Maßnahme mit einem nichtssagenden Eigennamen zu belegen und dann auch noch eine Ziffer anzuhängen, die auf

eine unübersehbare Serie hindeute. Der Name selbst wirke auch nicht eben sympathisch – weil in *Hartz* ein *hart* anklinge, das durch das *-tz* noch weiter verschärft würde, und weil *Harz* als Substantiv die Assoziation *zäh* wecke.

Rational sind solche Assoziationen nicht, und ein gestrenger Linguist würde sie nicht gelten lassen. Aber sie sind real. So stehen wir zu unseren Wörtern. Sie rufen etwas in uns wach, das mehr ist als ihre sachliche Bedeutung. »*Agenda 2010, Hartz IV* oder *Kopfpauschale* sind Droh- und Angstbegriffe. Der *Jobagent* ist in den Augen vieler Leute der Detektiv vom Arbeitsamt, der entscheidet, wer in seiner Wohnung bleiben darf und wer nicht … [Die Bundesregierung] hat mit ihren Begriffen einen Informations-Super-Gau veranstaltet«, schrieb Heiner Geißler zum gleichen Thema.

Nun kann man fragen, ob die Sache den Leuten unter gefälligeren Namen besser geschmeckt hätte. Sie hätten den Braten wohl doch gerochen – und den Politikern sprachliche Schönfärberei vorgeworfen, Sprachbetrug. Die Wörter haben ihnen immerhin nichts vorgemacht. Ein schwerer handwerklicher Kommunikationsfehler waren sie dennoch. Es waren ja gar keine ehrlich neutralen Wörter. Da sollen die voraussehbar unbeliebten Gesetze den Sozialstaat nicht liquidieren, sondern vor dem Kollaps bewahren, und dann werden sie mit Wörtern ausgestattet, die betont kalt und auf diffuse Art bedrohlich klingen, besonders auch die *Kopfpauschale*, die an *Kopfgeld* und *Kopfjagd* denken lässt, der *Ein-Euro-Job*, der den Eindruck erweckt, Arbeitsuchende sollten, statt Arbeitslosengeld zu beziehen, Hilfstätigkeiten für einen Euro Stundenlohn verrichten, und die *Ich-AG*, bei der man den Currybudenbesitzer auf eigene Faust mit den Banken um sein blankes Leben fighten sieht.

Hier hat die Wortwahl das Akzeptanzproblem nicht zu kaschieren versucht. Sie hat es fahrlässig vergrößert.

## Heuschrecken

Im April 2005 brockte sich Franz Müntefering den Heuschreckenskandal ein, einen Fall von mittelalterlichem Begriffsrealismus (→*bedingungslos*), wie er heute von den Medien wiederbelebt wird, wenn sie einzelne Wörter aus ihrem Kontext und ihrem Denkzusammenhang lösen, sie so superwörtlich nehmen, wie kein Mensch sie im Alltag wörtlich nimmt, und als Beweisstücke zur allgemeinen Empörung hochhalten.

In einem Interview mit *Bild am Sonntag* sagte Müntefering: »Manche Finanzinvestoren verschwenden keinen Gedanken an die Menschen, deren Arbeitsplätze sie vernichten. Sie bleiben anonym, haben kein Gesicht, fallen wie Heuschreckenschwärme über Unternehmen her, grasen sie ab und ziehen weiter.« Natürlich sollte darüber gestritten werden und wurde es auch: ob die Feststellung inhaltlich zutrifft oder nicht, ob sie gerecht ist oder nicht, ob Regierungen Verhaltensregeln für Private-Equity-Firmen und Hedge Fonds erlassen dürfen oder gar müssen.

Aber viel mehr wurde über die *Heuschrecken* gestritten. Der Streit um *Heuschrecken* verhinderte geradezu die Diskussion um die Berechtigung des Vorwurfs. Den Vogel schoss dabei der Historiker Michael Wolffsohn von der Bundeswehrhochschule München ab. Den Kontext völlig ignorierend, stürzte er sich (am 3. Mai 2005 in der *Rheinischen Post*) allein auf das Wort *Heuschreckenschwärme*: »60 Jahre ›da-

nach‹ werden heute wieder Menschen mit Tieren gleichge-
setzt, die – das schwingt unausgesprochen mit – als ›Plage‹
vernichtet, ›ausgerottet‹ werden müssen. Diese ›Plage‹ nennt
man heute ›Heuschrecken‹, damals ›Ratten‹ oder ›Juden-
schweine‹. Worte aus dem Wörterbuch des Unmenschen,
weil Menschen das Menschsein abgesprochen wird.«

Müntefering hatte einen zwar scharfen, aber durchaus
konventionellen Vergleich biblischen Ursprungs aus dem
allgemeinen Bildungsschatz gebraucht. Er hatte natürlich
keinem einzigen Menschen das Menschsein abgesprochen,
hatte nicht zur physischen Ausrottung von Investmentban-
kern aufgerufen, hatte überhaupt nicht von Menschen als
Menschen gesprochen, sondern von ausdrücklich anonymen Kapitalströmen. Im *Wörterbuch des Unmenschen* kommt
im übrigen kein einziges Tier vor. Tiervergleiche sind zudem sehr viel älter und allgemeiner als der Nazistaat, und
die Heuschreckenmetapher ist geradezu klassisch.

Der Sprachwissenschaftler Uwe Pörksen mischte sich
damals mit einem besonnenen Essay[5] in die allgemeine
Aufregung. Darin erinnerte er dankenswerterweise daran,
dass schon Aristoteles Metaphern geschätzt habe (»Gute
Metaphern erfinden heißt einen guten Blick für Ähnlich-
keiten haben«), und lobte Müntefering für die deutliche
und anschauliche Sprache, die er für gewöhnlich führe. An
der Heuschreckenmetapher aber bemängelte er, dass ihr das
Tertium comparationis fehle. Die Menge sei dieses Dritte
nicht, denn Finanzjongleure träten nicht in Schwärmen
auf. Die Kleinheit ja wohl auch nicht. Die Kauwerkzeuge
also? Er mochte es nicht glauben. Aber genau das war das
Tertium comparationis, und Müntefering hatte es sogar offen benannt: abgrasen und weiterziehen. Er hätte auch eine

unkonventionellere Metapher gebrauchen und von *Mäh-dreschern* sprechen können, die alles niedermähen und dann das Feld räumen. Hätten wir dann den *Mähdrescher*-Skandal gehabt?

Der Streit um Wörter und um Metaphern lenkt ab vom nötigen Streit um Inhalte. Dabei erspart es der wiederer-standene Begriffsfetischismus polemischen Volten wie der Wolffsohns, auf der Stelle ausgelacht zu werden. Noch am nämlichen Morgen verkündete eine Redakteurin des Deutschlandfunks: Heute sei es offenbar wieder möglich, Menschen mit Tieren zu vergleichen und zu ihrer Vernich-tung aufzurufen. Ihr hatte die Heuschreckentheorie also auf der Stelle eingeleuchtet, und sie hatte sie prompt hinaus-posaunt. Gar nicht so unterschwellig besagte ihre Feststel-lung: Deutschland werde wieder nazistisch, und der So-zialdemokrat Müntefering habe sich als einer dieser neuen Nazis geoutet.

Das nennt man Scharfsinn. Die Frau ist eine Adlerin.

## hinkriegen

Manchmal etwas *hingekriegt* haben die Leute schon lange, aber die stupende Karriere des Wortes begann erst, als Bun-deskanzler Schröder es zu seiner Lieblingsvokabel machte, zusammen mit dessen Geschwisterwörtern *hinbekommen*, *hinbiegen* und – selten – *hinbasteln*. Tag für Tag wollte Schrö-der irgendetwas *hinkriegen*.

»Nicht nur aus Gründen der sozialen Gerechtigkeit, son-dern auch aus schlicht ökonomischen Gründen müssen wir das hinkriegen« – »das« war in diesem Fall die Ausschöp-fung des vollen Lernpotenzials der Gesellschaft (18. Sep-tember 2000). »Der Gipfel hat das hinbekommen, was zu machen war« (am 10. Dezember 2000 zur Konferenz von Nizza). »Das basteln wir schon hin miteinander« (im Januar 2002 vor den Waggonbauern in Halle). »Den Wiederaufbau werden wir nur hinbiegen, wenn er auch gefördert wird« (April 2002). »Ich hoffe, dass wir das hinbekommen« – »das«: »eine Art Verfasstheit der Europäischen Union« (am 25. Juni 2002 in Montreal). »Der Missbrauch ... ist wirklich schlimm, und der muss, wenn Gerichtsurteile das nicht selber hinkriegen, gesetzlich ausgeschlossen werden« (28. August 2003). »Wir wollen alles dafür tun, dass wir das ohne kriegerische Auseinandersetzung hinkriegen« – »das«: die Umsetzung der Irak-Resolution der Vereinten Nationen (10. Januar 2003). »Ich bin ganz sicher, dass wir das besser hinkriegen, als es in der Vergangenheit ... gelegentlich war« – »das«: die Kabinettsdisziplin (TV-Interview, 6. Februar 2004). »Ich hoffe, dass wir das mit der Kompromissbereitschaft hinkriegen, zu der sicher alle fähig sind« – »das«: die EU-Verfassung (26. Mai 2004). »Dieser Ehrgeiz lässt sich nur realisieren, wenn diejenigen, die die Technologie zu liefern haben, ... das auch hinkriegen« (die »Innovationsrede« vom 14. Juli 2004). »Wir werden einen vernünftigen Konsens hinbekommen« (zum Einbau von Rußfiltern am 12. April 2005). Und obwohl er nach den verlorenen Wahlen von 2005 meinte, Angela Merkel werde »mit meiner Partei keine Koalition hinkriegen« und darum werde er Kanzler bleiben, hat er seinen Abgang dann doch hingekriegt, aber nicht den Abgang des Wortes. Im gleichen Augenblick war Franz Müntefering schon dabei, eine große Koalition *hinzukriegen,* und kaum war die in Sichtweite, kündigte Angela Merkel an, *gemeinschaftliche Lösungen hinzubekommen.*

So ist das *Hinkriegen* parteiübergreifend zum Regierungsziel schlechthin geworden (→Regierungserklärung).

## historisch

Je kürzer das Geschichtsbewusstsein einer Gesellschaft (das öffentliche deutsche reicht höchstens noch zehn Jahre zurück – alles davor gehört ins Gebiet der Paläontologie), desto mehr *historische* Momente gibt es. Kaum ein Treffen zweier Staatsmänner, das nicht am gleichen Tag noch *historisch* genannt wird. Es muss auch schnell gehen, denn eine Woche später ist es vom nächsten *historischen* Moment überrollt und zwei Wochen später vergessen. »Historisch sollte der Gipfel schon sein«, hieß es, man weiß nicht mehr, welcher; jeder Gipfel. Er war also sozusagen schon im voraus *historisch* und konnte dann umso rascher vergessen werden. »Ein historischer Schulterschluss« – welcher war das noch gleich? Das Wort *historisch* ist auf dem besten Weg, das Schicksal von →*spannend* zu erleiden, das heute nur noch ›vermutlich leider nicht besonders interessant‹ bedeutet. *Historisch* heißt dann jener Moment, den du eh gleich vergessen kannst.

Die Inflation des *Historischen* begann bei den Nazis. Victor Klemperer hat es in seinem Buch *LTI* vortrefflich beschrieben: »Der Nationalsozialismus ... nimmt sich so wichtig, er ist von der Dauer seiner Institution so überzeugt, oder will so sehr davon überzeugen, dass jede Bagatelle, die ihn angeht, dass alles, was er anrührt, historische Bedeutung hat. Historisch ist ihm jede Rede, die der Führer hält, und wenn er hundertmal dasselbe sagt, historisch ist ihm jede Zusammenkunft des Führers mit dem Duce ...; historisch ist der Sieg eines deutschen Rennwagens, historisch die Einweihung einer Autostraße ...; historisch ist jedes Erntedankfest, historisch jeder Parteitag, historisch jeder Feiertag jeglicher Art ...; und da das Dritte Reich nur Feiertage kennt ..., so hält es eben alle seine Tage für historisch.«

Allerdings, so ungetrübt wie damals ist das Vertrauen in das Wort *historisch* heute nicht mehr. Wir wissen, dass auch *Historisches* leicht in Vergessenheit gerät und dass nur ein Kraut dagegen gewachsen ist: aufschreiben. Wohl darum wird heute *Geschichte* nicht mehr *gemacht*, sondern in einem fort auf der Stelle *geschrieben*: »Nizza hat Fußballgeschichte geschrieben«, melden die Medien, und schon weiß man nicht mehr, inwiefern, aber es wird dann ja irgendwo geschrieben stehen. »Seit zwanzig Jahren schreibt das Trio Aha Erfolgsgeschichte.« Aha.

## Holocaust

Bei den meisten Wörtern weiß man nicht, wann und auf welchen Wegen sie in die deutsche Sprache gelangt sind. Bei dem Wort *Holocaust* weiß man es auf den Tag genau. Es war zwischen dem 22. und 26. Januar 1979. An diesen Abenden wurde in den Dritten Fernsehprogrammen eine vierteilige amerikanische Familienserie[6] besonderer Art ausgestrahlt. Was sie zeigte, war das Schicksal einer jüdischen Familie in Nazideutschland. Ob man sie politisch, moralisch und ästhetisch für gelungen oder missraten hielt: Sie war jedenfalls eine tiefe Zäsur. Ihre gewaltige Resonanz trug das Leid der Juden und die deutsche Schande rund um die Welt. Ihr Titel war *Holocaust*. Das war ein in Deutschland bis dahin völlig unbekanntes Wort. Fast auf der Stelle wurde es übernommen, als hätte das Land geradezu darauf gewartet. Seither heißt die vom Nazistaat organisierte Judenverfolgung und -vernichtung im deutschen Sprachgebiet *Der Holocaust*. Auch im angloamerikanischen Sprachbereich, in Israel und international ist *Holocaust* heute die dominierende Bezeichnung.

Gleichwohl war sie außerhalb Deutschlands seit den sechziger Jahren umstritten, auch unter Juden und Historikern. Ist es das angemessene Wort? Leitet es das Verständnis in die richtige Richtung? Verschleiert es die Tatsachen? Sakralisiert es das Geschehen? Ist es allein dem nazistischen Judenmord vorbehalten, oder darf man es auch für andere systematisch ermordete Naziopfer verwenden, etwa die Roma (→*Zigeuner*), die Russen, die Polen? Ist gar jeder Völkermord ein *Holocaust*, etwa der türkische Massenmord an den Armeniern zu Beginn des zwanzigsten Jahrhunderts oder die Massaker im Ruanda des Jahres 1994, denen über 800 000 Angehörige der Tutsi-Minderheit zum Opfer fielen? Oder beleidigt man die jüdischen Opfer, wenn man auch andere Schandtaten *Holocaust* nennt?

Selten zeigte sich so deutlich, dass ein Wort mehr sein kann als das, was Linguisten gerne in ihm sehen: eine beliebige, eine arbiträre Bezeichnung. Wörter benennen historische Vorgänge nicht nur, oft deuten sie sie auch in einer bestimmten Weise, und aus der Deutung erwachsen unter Umständen Handlungsanweisungen, mit denen sie in die Geschichte zurückwirken. Wörter schaffen Sinn, auch Unsinn. »Der Kampf um Worte … ist keine Kabbelei über ›nichts als Wörter‹ oder ›bloße Semantik‹ – er ist ein Kampf um die Befugnis, einen großen Teil unserer Realität maßgebend zu interpretieren und damit zu erschaffen« (die Sprachwissenschaftlerin Robin Lakoff[7]).

Um Antwort auf die Fragen zu finden, die das Wort *Holocaust* in Zweifel gezogen haben, muss man seine Geschichte untersuchen, nicht seine kurze Geschichte in Deutschland, sondern seine lange Geschichte im Englischen, aus dem es als Fernsehtitel nach Deutschland kam.

Das englische *holocaust* geht auf das griechische *holókauston* zurück. Wörtlich bedeutet es ›das gänzlich Verbrannte‹. So übersetzte die Septuaginta, die im dritten und zweiten Jahrhundert vor unserer Zeitrechnung in Alexandria angefertigte griechische Übersetzung des Alten Testaments und der Apokryphen, das hebräische Wort *ôlah*. (In 3. Mose 1–17 stehen genaue Anweisungen für die Brandopfer. »Völlig verbrannt« musste das Opfertier werden, da die Israeliten nichts davon essen durften.) Die in der Christenheit später als verbindlich angesehene lateinische Vulgata aus dem Jahr 390 übernahm es als griechisches Fremdwort: *holocaustum*. In deutschen Bibelübersetzungen wurde und wird *ôlah* / *holókauston* / *holocaustum* durchweg mit *Brand-* oder *Feueropfer* wiedergegeben.

So blieb das Wort dem Deutschen fremd. Nicht aber dem Englischen. Jon Petrie, ein amerikanischer Privatgelehrter, hat seine Geschichte in dieser Sprache aufgezeigt und ausführlich belegt.[8] Schon im Altenglischen tauchte es als *holocaust* in katholischen Bibelübersetzungen auf, nicht aber in der später maßgeblichen St. James Bible, die dafür *burnt offering* hat. Bald jedoch machte es sich von seinem biblischen Ursprung los und wurde zu einem zwar selten gebrauchten, aber über die Jahrhunderte hin präsenten ganz und gar weltlichen Wort für ›Katastrophe‹ und ›Massenmord‹. So definierte es schließlich auch die Encyclopædia Britannica von 1910: »*Holocaust*, streng genommen eine gänzlich vom Feuer verzehrte Opfergabe ... Heutzutage wird der Terminus oft für eine Katastrophe großen Ausmaßes benutzt, gleich ob durch Feuer oder nicht, oder für ein Massaker oder einen Massenmord.«

Die Beispiele, die Petrie für den säkularen Gebrauch im Englischen gesammelt hat, reichen vom Völkermord bis zum häuslichen Missgeschick. Schon während des Zweiten Weltkriegs wurde es gelegentlich auch für die spezielle Katastrophe verwendet, die das europäische Judentum gerade durchlitt, aber nur als eine mögliche Bezeichnung unter vielen anderen. Noch in den fünfziger Jahren meinte es vorwiegend die befürchtete atomare Katastrophe, das Armageddon (noch ein biblischer Begriff). Erst in den sechziger Jahren verschob sich der Bedeutungsschwerpunkt hin zum Judeozid des NS-Regimes. In diesem Sinn wurde ab Ende der siebziger Jahre aus vielen möglichen *holocausts* der eine, groß geschrieben, *the Holocaust*, den es nur ein einziges Mal gab. Aber das Wort ist bis heute keineswegs exklusiv. Es gibt im Englischen nach wie vor andere *holocausts* als den jüdischen, und *Holocaust* ist beileibe nicht das einzige englische Wort für diesen – *catastrophe, disaster, European tragedy, Nazi genocide, judeocide, Final Solution* sind andere.

Israelis und amerikanische Juden, denen *holocaust* zu abgedroschen oder wegen seiner wenn auch verdeckten biblischen Obertöne suspekt ist, bevorzugen heute eine andere Bezeichnung, *shoah*, das hebräische Wort für ›Verwüstung‹, ›Vernichtung‹. Auch sie wurde durch das Fernsehen in die nichtjüdische Welt getragen, durch Claude Lanzmanns Dokumentarserie *Shoah* aus dem Jahre 1985. Wenn sich das Wort in der nichtjüdischen Welt nicht durchgesetzt hat, so wahrscheinlich aus einer berechtigten Scheu heraus, ungebeten in die sprachliche Wohnung der Opfer einzudringen und ihnen durch derlei Intimtuerei zu nahe zu treten. Oder weil der Film *Shoah* keine Soap Opera war.

Im Einzugsgebiet des Englischen war der Hauptvorwurf an den Terminus *the Holocaust*, er sakralisiere mit seinen jüdisch-christlichen Konnotationen den Massenmord an den europäischen Juden, erhebe ihn zu einem quasi mystischen Geschehen, zu einem Gott vom Volke Israel dargebrachten Opfer. Wie Petrie nachgewiesen hat, war dieser Vorwurf unberechtigt. Nur ein paar Spezialisten dürfte der alttestamentarische Ursprung des Wortes bewusst gewesen sein. Als *holocaust* herangezogen wurde, um den Judenmord zu bezeichnen, war das Wort im Englischen seit Jahrhunderten völlig verweltlicht. Religiöse Obertöne hatte es so wenig, wie das Wort *Desaster* (das wörtlich ›Unstern‹ bedeutet) astrologische hat. Die wurden ihm erst von einigen Autoren der sechziger bis achtziger Jahre angedichtet, entweder weil sie ihnen willkommen oder im Gegenteil gerade unerwünscht waren. »Kein einziger unter den Hunderten säkularer *holocausts* aus der Zeit von 1910 bis 1950, die der Unterfertigte zusammengetragen hat, trägt eine religiöse Nebenbedeutung.«

Auch im Deutschen kommt auf den religiösen Nebensinn des Wortes nur, wer seiner Geschichte nachgeht. Im allgemeinen Bewusstsein sakralisiert es das Geschehen so wenig wie sein englisches Gegenstück. Aber es geschieht hierzulande etwas anderes. *Holocaust* war kein allgemeines Wort der deutschen Sprache. Es ist ein von Beginn an ausschließlich mit dem Judozid verbundenes Fremd- und Fachwort, das diesen aus allen anderen Genoziden heraushebt. Man muss sich also hierzulande fragen, ob auch der

Massenmord an den Roma ein *Holocaust* genannt werden darf, und die Antwort dürfte nicht leicht fallen. Es ist zudem ein völlig undurchsichtiger Terminus wie ›Holoeder‹ oder ›Holotypie‹, hinter dessen biblische und weltliche und aktuell-jüdische Bedeutung man selbst mit Griechischkenntnissen nicht käme. Damit schirmt es seine Benutzer von dem Geschehenen ab. »Vom Holocaust zu sprechen, macht es uns möglich, den Sachverhalt intellektuell zu bewältigen, während die nackten Tatsachen, bei ihrem gewöhnlichen Namen genannt, unser Gefühl überwältigen würden«, schrieb schon Bruno Bettelheim[9] in Bezug auf das Englische. Umso mehr gilt das für das Deutsche. Hier schützt das Wort nicht nur. Es verunklärt. Es verschleiert.

Und nebenbei: Wenn man die Sache in Deutschland noch beim Namen nennte, käme kein Rechtsextremer auf die Idee, die alliierten Bombenangriffe auf Dresden einen *Bombenjudenmord* zu nennen.[10]

### humanitäre Katastrophe

Sie ist inzwischen fest etabliert und nicht mehr aus der Welt zu schaffen, aber die Anmerkung wird gestattet sein, dass die Prägung des Ausdrucks nicht gerade von Klugheit zeugte. Das attributive Adjektiv charakterisiert das Substantiv, bei dem es steht: *der blaue Vogel* ist ein Vogel mit der Eigenschaft blau. Wir haben uns daran gewöhnt, dass das Attribut auch in einer schrägeren Beziehung zu seinem Substantiv stehen kann: *medizinische Buchhandlung*, *Bürgerliches Gesetzbuch*, *schwules Hotel* – das ist kein Hotel, das schwul ist, aber man weiß schon, ein Hotel *von Schwulen für Schwule*, so wie das *väterliche Geschäft* nicht *väterlich* ist, sondern dem Vater gehört. Hier hat das Attribut nicht die Bedeutung ›ist soundso‹; es besagt nur: Die genannte Eigenschaft steht in irgendeiner Beziehung zum folgenden Substantiv.

Manchmal jedoch sorgt ein logisch falscher Bezug zwischen Adjektiv und Substantiv durchaus noch für einen Anflug von Heiterkeit, vor allem wenn das Adjektiv vor Komposita steht, bei denen es sich grammatisch auf den zweiten Teil beziehen müsste, aber tatsächlich auf den benachbarten ersten bezieht, wie bei dem *organischen Chemieprofessor*, dem *kleinen Kindergeschrei* oder bei Wustmanns klassischem *dreiköpfigem Familienvater* und *vierstöckigem Hausbesitzer*, die vielleicht humoristisch gemeint waren, aber tatsächlich noch immer vorkommen. Die *journalistische Sorgfaltspflicht* dagegen scheint völlig legitim. Die *Pflicht* ist nicht *journalistisch* und muss es auch nicht sein; es handelt sich um die Sorgfaltspflicht *des Journalisten* oder die *im Journalismus geltende* Pflicht, und nur so lässt sich die Fügung verstehen.

Dass nun aber das Adjektiv dem Substantiv rundheraus widerspricht, dass es verneint, was das Substantiv zu betonen sich müht: das schaffte erst die Mitte der neunziger Jahre als Lehnübersetzung aus dem Englischen aufgekommene *humanitäre Katastrophe*. *Humanitär* heißt ›menschenfreundlich‹, ›wohltätig‹. *Humanitäre Katastrophe* soll ›in humanitärer Hinsicht ein Verhängnis‹ ausdrücken, bedeutet aber wörtlich ›wohltätiges Verhängnis‹, und das ist und bleibt ein Oxymoron. Die *sanitäre Katastrophe* des Wassermangels in Bagdad, der *humanitäre Korridor* im anarchischen Haiti dagegen: Sie sind analog gebildet, aber keine Oxymora und auch nicht zweideutig, also ganz in Ordnung. *Soziale Arbeitslose* (nämlich ›von der Sozialpolitik hervorgebrachte Arbeitslose‹) ist ebenfalls kein Oxymoron, dennoch mischt sich die wörtliche Bedeutung auch hier störend ein. Die Fügung nämlich zwingt den Hörer oder Leser zu überlegen, ob *soziale Arbeitslose* etwa das Gegenteil von *asozialen Arbeitslosen* darstellen.

Treffender ist grundsätzlich jener Ausdruck, der es verträgt, wörtlich verstanden zu werden.

## Illusionsneurose

Neulich fand sich in der *Frankfurter Allgemeinen* das Wort *Illusionsneurose*. Ah, dachte ich, wieder einmal eine neue Neurose? Wo die doch seit zwanzig Jahren aus den Diagnosehandbüchern der Psychiatrie eine nach der anderen verschwinden? Berlin, hieß es, sei eine *Illusionsneurose* und plage jene Bücher, die heute über diese Stadt geschrieben werden, mit Ausnahme des einen (von Jakob Arjounis), worin das Wort *Illusionsneurose* erfunden wurde. Diese Neurose ist also keine, die Autoren oder überhaupt Menschen oder ihre Städte befällt, sie befällt Bücher und besteht worin? Sie *ist* Berlin, beziehungsweise Berlin *ist* diese Neurose – und werde im übrigen kuriert, indem jemand die Stadt »vom alten Sockel« holt. Alles klar?

Umso besser, Unschärfe macht einen Begriff erst richtig scharf und diesen offenbar so attraktiv, dass er sofort in die *Zeit* übersprang: »Die Stadt hat unter Illusionsneurosen ... einfach nicht gelitten.« Anscheinend ist diese Stadt hier niemandes Neurose mehr, sie hat aber selber eine, sogar mehrere (→*Surrealitäten*), oder vielmehr keine von ihnen, denn gemeint war diesmal Bonn, und Bonn ist allemal gesünder als Berlin.

Die Kulturkritik hat es ja schwer, und man möchte ihr jede Metapher gönnen, die eine Erklärung vorgaukelt. Der freizügige und lockere Gebrauch von pseudopsychiatrischen Metaphern (*depressiv, hysterisch, neurotisch, panikartig, schizophren*) aber hat eine leidige Folge: Er trägt bei zum allgemeinen Missverständnis psychiatrischer Krankheiten. Oft dient er nur dazu, eine Meinung unterzuschieben. »… bis sich die Hysterie nach Madrid gelegt hat« sollte heißen: bis sich die Aufregung nach den Bombenanschlägen von Madrid gelegt hat. Indem er diese Aufregung mit einer altertümlichen psychiatrischen Diagnose bezeichnete, gab der Autor zu verstehen, dass er sie für stark übertrieben hielt. So direkt hätte er das aber nie zu sagen gewagt.

### irgendwie

Das Wort hat einen miserablen Ruf. Es druckst so verlegen herum. Es macht einen Satz so ungenau. Es gibt Ratlosigkeit zu erkennen. Letzteres ist wahr, und ebendarum mag ich es. Es gibt jeder Rede einen Hauch von Ehrlichkeit. Manchmal ist es sogar das allergenaueste Wort: »Die Regierung des Irak hat sich irgendwie aufgelöst«, meldete die Moderatorin eines Nachrichtenmagazins des Deutschlandfunks im März 2003 und traf damit den Nagel auf den Kopf.

Da *irgendwie* viele Sätze zweifelhaft sind, stünde es ihnen gut, wenn sie das mit einem *irgendwie* zugäben. Aber *irgendwie* müsste man auch wissen, wo es keinesfalls stehen darf. In seinem Wunderbuch *Bildung*, das man nur auswendig lernen müsste, um sich für gebildet halten zu dürfen, erklärte der leider verstorbene Dietrich Schwanitz die »entscheidende Pointe der Relativitätstheorie: Alles ist irgendwie relativ«. In diesem Fall aber war es ganz und gar unangebracht und bezeugte leider die Abwesenheit von Bildung – vor einem Memorieren jenes Satzes kann also nur gewarnt werden.

All die Sicherheit, die *irgendwie* vermissen lässt, scheint das Wort *bestimmt* auszustrahlen, und das hat vorgemacht, dass zu viel Gewissheit nicht gut tut, und ist darum zu einem besseren *vielleicht* abgesunken. »Morgen ist bestimmt schönes Wetter« heißt »Ich bin gar nicht sicher, ob das Wetter morgen schön ist, möchte es aber trotz allem hoffen«. Wie viel vertrauenerweckender wäre da ein »Irgendwie wird es morgen schon schön werden«.

Mein Lieblings-*Irgendwie* habe ich im April 2003 im Besucherbuch des Doms zu Meißen gefunden: »Lieber Gott, Irgendwie hab ich das Gefühl, dass sie immer bei mir sind … Ich wünsche ihn viel Glück und ein weiteres Leben im Himmel.«

## Kalauer

Kalauer allüberall. Das Plakatdeutsch, wie man das Deutsch der Werbung, der Firmen- und Veranstaltungsnamen, der Überschriften in Magazinen und Zeitschriften nennen könnte, strotzt von Wortspielen, gerne auch deutsch-englischen: *Ährenwort* (eine Mehlmarke), *an»geh«nehm* (ein Schuhgeschäft), *Backwahn* (eine Bäckerei), *Eggsclusive* (ein Speiseeis mit Ei), *Eichkörnchen* (ein Naturkostladen), *Eisbegehrt* (Verkaufsargument für ein Speiseeis), *Fairnetzen*, *FairSicherungsladen*, *Das gewisse Esswas* (das etwas mit Maultaschen zu tun zu haben scheint), *Haareszeit*, *Haargenau* (zwei Friseurläden), *Meerlust nach Helgoland*, *Wohnungen mit Mehrblick*, *Polstergeist*, *Poperette* (zu deren Entschlüsselung man mehrere wenig vorteilhafte Hypothesen durchlaufen muss: popelige Operette? Show mit betonten Hinterteilen?), *Scheck in* (»die große Couponaktion«). Eine Automarke wirbt mit *Noch besser. Noch Roadster.* Die Hamburger Buchmacher möchten

*Das Glück Pferdreifachen*. Die Organisation Brot für die Welt wirbt Spenden ein mit dem Spruch *fairgeben fairsorgen fairteilen*. Ein Funkhaus sendet *Sonntakte*. Ein TV-Sender wirft wiederholt ein *Spott-Light*. Ein Film nennt sich *Die Wutprobe*. Ein Chat-Forum verheißt *Sexpress*. Eine Mineralölfirma befiehlt *Jet oder nie*, eine andere ruft die *Revölution* aus. Ein klammer Warenhauskonzern möchte *Kaufregung* erzeugen. Ein Schuhgeschäft verkauft *Compfort*-Einlagen (»Dieses Hochwertige Produckt wird von der Herstellung bis zur Endfertigung in Deutschland gefertigt«).

Das ist einerseits alles sehr zu begrüßen, zeugt es doch immerhin von der Existenz eines gewissen Sprachbewusstseins. Warum geht es andererseits so schnell auf die Nerven? Warum möchte man »au!« stöhnen und auf einen Backenzahn zeigen? Weil Witze halt eine gewisse Güte brauchen, besonders dann, wenn man sie nicht nur einmal, sondern Dutzende, Hunderte von Malen hören oder lesen muss. Die Bäckerei *Hänsel & Brezel* mag anfangs ganz einnehmend wirken, aber wenn sich ihre Besitzer zum tausendsten Mal so am Telefon gemeldet haben? *Hekticket* als Name für eine Konzertkasse in letzter Minute bleibt einigermaßen erträglich, weil man den Kalauer darin irgendwann überliest: viel mehr *Ticket* als *Hektik*. Den Scherz im Werbespruch *We kehr for you* wird zwar der normale Mülltonnenbefüller gar nicht mitbekommen, er ist aber trotzdem recht gut, weil sich die Stadtreinigung mit ihm auch über sich selbst und über die öffentliche Scheinherzlichkeit (→*persönlichst*) lustig macht. Die *Wunderbar* wirkt bei jedem Mal flauer, die *Unsicht-Bar* (ein dunkles Restaurant mit blinden Kellnern) schon beim ersten Mal peinlich, die *Bar jeder Vernunft* dagegen ist so genial, als wäre sie von Joyce,

weil überraschenderweise beide Lesarten stimmig sind, sodass ich den Kalauer auch nach Jahren noch wohlgelaunt
zur Kenntnis nehme. Den *Ohrgasmus* dagegen, den ein Kon-
zertveranstalter verspricht, möchte ich nie erleben. Die
*Kultour*, zu der die Leute aufbrechen sollen, lasse ich mir
vielleicht gerade noch gefallen, aber wer sie zur *CulTour*
machte (unter anderem war das die »Euregio« Maas-Rhein),
wusste offenbar nicht, was er tat.

Unentwegtes miserables Kalauern verbreitet nicht, was
sich die Kalauerer davon versprechen: einen Hauch von
Esprit. Was es verbreitet, ist der dumpfe Dunst von Kanti-
nen, in denen Witzelzwang herrscht.

### kein Weg!

»Kein Weg«, antwortete der Nachwuchsregisseur dem Ra-
dioreporter. »Das kommt in meiner Inszenierung nicht in
Frage, *kein Weg!*«

Nanu? Wieso *kein Weg*? Warum sollte es in seiner Inszenierung keinen Weg geben? Keinen Weg wohin? Oder
meinte er etwa *keineswegs*? Sagt man dafür neuerdings *kein
Weg*?

Man sagt es nicht, noch nicht. Der Mann war ein Pio-
nier. Er hatte die seit einigen Jahrzehnten weit verbreitete
amerikanische Redensart *no way*, die etwa ›auf gar keinen
Fall‹ bedeutet, wörtlich übersetzt und neu in die deutsche
Sprache eingeführt: die Erschaffung einer neuen Redensart
durch eine gedankenlose Fehlübersetzung.

Und was macht das schon? Es drückt sich doch jeder
ab und an falsch aus, und das hat keinerlei Folgen außer
vielleicht der, dass er nicht richtig verstanden wird. Aber
was im Einzelfall folgenlos bleibt, hat Folgen, wo es von

den Medien massenhaft verbreitet wird. Die Neumöblierung der deutschen Sprache mit Redensarten englischen Ursprungs, die ihre früheren deutschen Gegenstücke hinausgedrängt haben, geht zu einem Gutteil auf Übersetzungsfehler der gleichen Art zurück (→Denglisch, →Falsche Freunde). *Kein Problem!* sagen die Deutschen nur, weil man auf der ganzen Welt *no problem!* sagt; die entsprechenden deutschen Redensarten lauteten einmal *alles klar, alles in Ordnung, gerne, ohne weiteres* und so fort. Auf die nämliche Weise wurde *noch einmal* weitgehend durch *einmal mehr* (*once more*) verdrängt, *schwer arbeiten* durch *hart arbeiten* (*to work hard*), *du fehlst mir* durch *ich vermisse dich* (*I miss you*), *allerdings!* durch *genau!* (*exactly!*), *mach dir nichts draus!* durch *vergiss es!* (*forget it!*), *eigentlich nicht* durch *nicht wirklich* (*not really*), *bis dann* durch *wir sehen uns* (*we'll be seeing us*), *Sinn ergeben* durch *Sinn machen* (*to make sense*), *was darf es sein?* durch *kann ich Ihnen helfen?* (*can I help you?*), *bist du damit einverstanden?* durch *ist das okay mit dir?* (*is that o.k. with you?*) … und viele, viele andere.

Es gibt da nichts zu beklagen. Der Prozess ist unaufhaltsam, gerade weil er unbemerkt vonstatten geht und man den neuen Idiomen ihre Herkunft nicht unbedingt ansieht. Er stört auch das Deutsche als Sprachsystem nicht, denn dessen Wort- wie Satzgrammatik lassen diese Importe unangetastet. Für sich genommen sind sie weder richtiger noch falscher, weder schöner noch hässlicher als ihre deutschen Gegenstücke, gelegentlich sogar praktischer und ausdrucksvoller. Ihr einziger Nachteil ist, dass sie jenen, die mit ihren früheren deutschen Äquivalenten groß geworden sind, ihr Leben lang falsch vorkommen. Aber dieses Problem hat sich in der nächsten Generation ausgewachsen.

Dann wird sich *eine Woche lang* so falsch anhören wie für die Älteren heute *für eine Woche* ( *for a week*).

Wenn man Google trauen darf, scheint jener Importeur von *kein Weg!* noch keine Nachfolger gefunden zu haben. Aber das kann noch werden. Nichts macht die Sprache gegen derlei Importe immun. Kein Weg!

## Kenntnislosigkeit

So geht Sprachwandel vonstatten: Jemand sagt etwas auf eine ungebräuchliche Art, die anderen finden seine Ausdrucksweise oder Aussprache befremdlich und zunächst falsch, andere machen sie trotzdem oder gerade deshalb nach; ist eine kritische Masse erreicht, so ist nur noch das Neue und ursprünglich Falsche richtig, und das Alte gerät in Vergessenheit und wirkt schließlich falsch. In früheren Zeiten dauerte Sprachwandel lange. Ein neuer Sprachgebrauch musste sich im Wortsinn herumsprechen, von Dorf zu Dorf, von Stammtisch zu Stammtisch, von Kanzel zu Kanzel. Die Erfindung des Buchdrucks hätte den Prozess stark beschleunigen können, wäre nicht die Stabilität und Allgemeingültigkeit der Schriftsprache ein retardierendes Element gewesen. Heute, im Zeitalter der elektronischen Medien, kann ein neuer Sprachgebrauch auf der Stelle in die hintersten Winkel des Landes vordringen und sich dabei über die schriftlichen Festlegungen hinwegsetzen. Unter Umständen wird auch ein klarer Fehler blitzschnell verbreitet und irritiert bei Millionen das Gefühl für sprachliche Richtigkeit, auf das das System Sprache angewiesen ist.

Ein Beispiel. Im März 2005 machte Gerhard Schröder in Hörweite einiger Mikrophone einen kleinen Fehler, wie er jedem in der spontanen mündlichen Rede unterlaufen kann. Er sagte: »Die Unions-Kritik beruht auf Kenntnislosigkeit der ökonomischen Zusammenhänge.« Was er sagen wollte, war natürlich: »… beruht auf der Unkenntnis der ökonomischen Zusammenhänge.« Unkenntnis kann ein Objekt haben, *Kenntnislosigkeit* – der generalisierte Zustand der Unkenntnis – aber nicht. Ökonomische Umstände sind nicht kenntnislos. Ein klarer Fall, und schon beim Hören korrigiert. Am selben Tag aber war dieser Satz in Radio und Fernsehen immer wieder zu hören, am nächsten in den Zeitungen zu lesen, nicht nur im O-Ton und wörtlich, sondern auch indirekt wiedergegeben. Kein einziges Medium korrigierte ihn. Statt kurzerhand *Unkenntnis* zu sagen und zu schreiben, quälten sie sich mit der objektlosen *Kenntnislosigkeit*: *Kenntnislosigkeit der Zusammenhänge, Kenntnislosigkeit für die Zusammenhänge, Kenntnislosigkeit über die Zusammenhänge* …

Einmal reicht natürlich nicht. Schröders Fehler kam auch nicht zum ersten Mal vor. Aber die statistische Wahrscheinlichkeit, dass er wieder vorkommt, wuchs an diesem einen Tag beträchtlich. Eines Tages hat dann die *Kenntnislosigkeit über* die unterschiedliche Bedeutung der beiden Wörter ihren Gipfel erreicht. Dann ist die *Unkenntnis* aus Deutschland verschwunden.

### Kirche

Damit sich die Frage »Welche Aufgabe hat *die Kirche* in der Gesellschaft?« noch bedeutungsvoller anhört, kann man sie auch anders stellen. Nur eine winzige Manipulation ist nötig. Man muss lediglich den Artikel weglassen. »Welche Aufgabe hat *Kirche* in der Gesellschaft?« – »Wenn die Men-

schen →abgeholt werden, finden sie sich in Kirche wieder.«
Da ist sicher nicht von einem Taxiservice die Rede.

Der bestimmte Artikel weist zwar hin, aber sondert dabei auch aus, grenzt ein, macht aus einem Etwas *dieses bestimmte Etwas*. Lässt man ihn weg, weitet sich das Etwas ins schier Unermessliche. Es ist wie eine Steigerung ins immer Allgemeinere, immer Bedeutendere: »Dies Buch handelt von *einer* Sprache«, »Dies Buch handelt von *der* Sprache«, »Dies Buch handelt *von Sprache*«. Abstrakta, die zeit- und ortlose Eigenschaften bezeichnen – Begriffe wie *Freiheit*, *Geduld*, *Frieden*, *Vertrauen* – und homogene Materialien – *Stein*, *Eisen*, *Wasser*, *Schlamm* – können den Artikel gut entbehren, denn was sie bezeichnen, gibt es in unbekannter Menge, und sie haben nichts in ihrem Innern, worauf der Artikel extra hinweisen müsste. Aber *Kirche* ist eigentlich kein solches Abstraktum, weder als Gebäude noch als Organisation. Folglich kann man »Kirche steht in Dorf« oder »Für Kirche zahle ich Steuern« nicht sagen; in solchen profanen Zusammenhängen ist sie für die Artikellosigkeit zu wenig erdentrückt. Wohl aber »Er weiß um die Anliegen von Kirche«. *Wissen um* passt überhaupt hervorragend zu den von der Artikellosigkeit geadelten Institutionen.

Nicht jede jedoch lässt es mit sich machen. »Er weiß um die Nöte von Supermarkt« ginge nicht, trotz *wissen um* und *Nöte*. *Politik* aber geht: »»Was kann Politik in dieser Situation leisten?«, fragte Angela Merkel.« »Politik darf hier keinen Schiffbruch erleiden.« *Familie* geht auch. Im Deutschlandfunk diskutiert wurde das Thema »Wie hat sich Familie verändert? Familie ist ein knappes Gut«. *Stadt* ebenfalls: »Welche Zukunft hat Stadt?« Am besten geeignet für die Artikelkappung ist neben der Kirche aber die *Schule*, glücklicherweise, da das Phänomen außer auf Kirchentagen vor allem in weltlichen Podiumsdiskussionen auftritt und diese besonders gerne und ausgiebig von Pädagogischem handeln. »Chancen durch Schule«, »GanzTag und Öffnung von Schule« – so der Name eines Website – oder »Ein Traum von Schule« geht bestens, »ein Traum von Fachhochschule für Forstwirtschaft« aber keinesfalls.

Es fiele schwer, eine Regel zu formulieren; nur der Gebrauch zeigt an, wo die Kappung des Artikels erlaubt ist. Aber man kann es ruhig versuchen. Im Erfolgsfalle hätte es sich gelohnt, für seine *Idee von Drogerie* einzutreten.

## Kompetenzzentrum

Es gibt eine Sprache, die wortreich kaschiert, dass ihr Inhalt nichts als heiße Luft ist. Kein Begriff repräsentiert dieses nahezu inhaltsleere zeitgenössische Gedöns so hochstaplerisch wie das Wort *Kompetenzzentrum* oder, noch zeitgenössischer, *Competence Center*, in dem natürlich ein *Kompetenzteam* wirkt. Es gibt jedoch noch eine Steigerung des *Competence Center*. Das ist das *Exzellenzcluster*.

Da wird im April 2005 in Kassel ein neues Institut eröffnet, an dem drei von der Post spendierte Professoren Marketing lehren sollen, und es beginnt sein eigenes Marketing damit, dass es sich nicht schlicht Institut (Einrichtung), sondern *Kompetenzzentrum* (etwa ›Mittelpunkt der Fähigkeiten und Befugnisse‹) nennt, genauer *Dialog Marketing Competence Center*. (Zwischenfrage: Ist *Dialog* hier deutsch oder englisch auszusprechen?) Auf die Frage des Reporters aber, was an so einem *Kompetenzzentrum* getrieben werden soll, antwortet der Universitätspräsident stolz und evasiv: »Ein Kompetenzzentrum ist eine Konzentration von Wissen über das Direkt-Marketing, das sich zum einen auf den unmittelbaren Dialog zwischen Unternehmen und Kunden bezieht. Es bezieht sich auch darauf, dass in diesem Dialog neue Medien eine wesentliche Rolle spielen und neue Chancen und Risiken eröffnen. Es bezieht sich auch darauf, dass wir uns zunehmend in internationalen Märkten bewegen. Daraus ergeben sich neue Fragen: unterschiedliche kulturelle Einstellungen, unterschiedliche Bewertungen beim Kunden. Wenn Sie das alles zusammen mit unterschiedlichen Fachleuten in einem Zentrum konzentrieren, dann ist das Kompetenz, die in der Form durch synergetische Effekte wahrscheinlich in Deutschland nirgendwo zu finden ist.« Kurz, das wird ein weiteres *Exzellenzcluster* (»ein Haufen Vortrefflichkeit«, »eine ganz tolle Kiste«). Ein Glanzstück zeitgenössischen Diskurses.

Durch das hochgestochene Brimborium hindurch ahnt man immerhin, was gemeint ist. Das *Kompetenzteam* in diesem *Kompetenzzentrum* soll wahrscheinlich durch kollegiale Zusammenarbeit (*synergetische Effekte*) dem Nachwuchs gründlicher als anderswo beibringen, wie man den Leuten durch unerbetene Werbetelefonate auf die Nerven fallen kann.

### Kontingenz

Woran berauschen sich die Zuschauer im Fußballstadion? Nein, nicht an Bier und auch nicht an Red Bull. So stand es in der Zeitung: »… sie berauschen sich an den Mysterien der Kontingenz.«

Die *Kontingenz* fehlt heute in keinem kulturphilosophischen Text, der auf sich hält (→*Formatierungen des Echten*). Aber was bedeutet sie? Wenn ich ihr begegnet bin, habe ich oft in allen erreichbaren Wörterbüchern ihre Definitionen nachgeschlagen und in den jeweiligen Satz eingesetzt. In lernpsychologischen Texten passte ›Angewiesenheit eines Ereignisses auf ein anderes‹ oft recht gut. In anderen ergab ›etwas Mögliches, aber nicht Notwendiges‹ oder schlicht ›Zufall‹ manchmal einen Hauch von Sinn, oft aber wurde der Satz dadurch noch mysteriöser. Bei ›Ereignishaftigkeit‹ oder ›Eventualität‹ verdunkelte er sich vollends. Manchmal schien ›Nähe‹ oder ›Nebeneinander‹ oder ›Notwendigkeit‹ oder ›unhinterfragbares Miteinander‹ das einzig Sinnvolle – stellte einen dann aber vor die Frage, warum etwas so Simples so undeutlich ausgedrückt werden musste.

Es ist dies ein eklatantes Beispiel dafür, dass sich Bedeutungen nicht oder nur sehr schwer aus ihren Wörterbuchdefinitionen lernen lassen. Man lernt die Bedeutung eines Worts auf andere Weise: indem man ganze Sätze hört und liest, in denen es verwendet wird. Der Satzzusammenhang bildet Sinnstellen, in die das Wort passt und von denen aus es erst tastend und dann immer mutiger in ähnliche Satzzusammenhänge übertragen wird.

Wer seine Seminare in Zeiten abgeleistet hat, als höchstens Philosophiestudenten von Leibniz' Kontingenztheorie gehört hatten und *Kontingenz* in den Sozialwissenschaften noch kein ubiquitärer Begriff war, wird vielleicht nie dahinter kommen. Alle scheinen es zu wissen, nur er nicht. Dann wird er dankbar sein, wenn die gemeinte Bedeutung ausnahmsweise mitgeliefert wird: »… dass die in einem Wort jeweils festgewordene Vereinigung von Form und Inhalt kontingent ist, also keine tiefere Rechtfertigung als eben ihre Tatsächlichkeit hat«. Und er ist entschuldigt, wenn er bei dem Verdacht bleibt, dass *Kontingenz* oft gar nichts Bestimmtes bedeutet, sondern nur ab und an als Erkennungsmarke eingestreut wird, um dem Leser zu zeigen: Dieser Autor ist nicht von gestern. Zum Beispiel die Autorin einer Rundfunkrezension (Julia Schröder über W. G. Sebald): »Die postume *Kontingenz*, die uns alle mit den Toten vereinen wird ...«

## Kontrahenten

»›Food-Nazi‹ nennen seine Gegner aus der Fritten-Branche ihren großen Kontrahenten«, musste man im *Spiegel* lesen. Mit der »Fritten-Branche« waren die Fast-Food-Ketten gemeint, mit deren »großem Kontrahenten« ein amerikanischer Anwalt, der gegen sie klagt, weil sie an der Fettleibigkeit ihrer Kunden schuld sein sollen und nicht diese selbst. Der Fall sei den Gerichten überlassen, nur ist der *Kontrahent* keineswegs der ›Gegner‹ oder ›Feind‹, für den er hier und sonstwo gehalten wird, sondern in gewisser Weise das Gegenteil, nämlich derjenige, mit dem man einen *Kontrakt* schließt, ein Vertragspartner also. Es gibt Übergänge. Der *Gegner* eines Boxchampions ist gleichzeitig sein *Kontrahent*, denn er hat den Kampf mit ihm vertraglich vereinbart. Bei den Auseinandersetzungen zwischen Kohl und Schäuble, Habermas und Nolte oder Friedmann und Möllemann jedoch waren die Beteiligten manches, nur keine *Kontrahenten*, wie immer behauptet. Die Streithähne und -hennen in Fernsehshows sind *Kontrahenten* nur insofern, als sie alle einen Honorarvertrag mit dem Sender haben.

Nun sagt die gegen solche Sprachkritik eingenommene Sprachwissenschaft: Macht nichts, denn alles, was gesagt wird, ist vernünftig. Keinem Wort komme eine wahre, richtige Bedeutung zu, an der sein aktueller Gebrauch gemessen werden könnte, die Wortbedeutungen seien ständig im Fluss, und die »richtige« ergebe sich immer nur aus seinem aktuellen Gebrauch. Wenn die Leute unter *Kontrahenten* ›Gegner‹ zu verstehen beliebten, dann sei die richtige Bedeutung eben ›Gegner‹, und der Kritiker hätte sich damit abzufinden.

Indessen, solche Bedeutungswandel sind keine zwangsläufigen und unhinterfragbaren Naturerscheinungen, die man nur hinnehmen kann; sie sind auch keine Plebiszite. Sie sind kulturelle Prozesse mit offenem Ausgang, die Summe zahlloser Einzelentscheidungen, deren Weisheit von nichts garantiert wird. Wo sie einmal erreichte semantische Differenzierungen einebnen, schaden sie der Ausdruckskraft der Sprache. Das Wort *Kontrahent* wird noch gebraucht. Wenn der Unterschied zwischen einem *Kontrahenten* und einem *Gegner* nicht bewusst gehalten wird, ist es perdu.

## kreativ

Als um 1970 in der deutschen Psychologie das Wort *kreativ* aufkam, war es eine wörtliche Übertragung von englisch *creative*, bedeutete, was dieses bedeutet, ›originell-einfallsreich‹, ›schöpferisch‹ also, und war darum ziemlich überflüssig. Wer wollte, konnte dabei an das Wunder der Schöpfung denken und daran, wie in der Sixtinischen Kapelle Gottvater mit ausgestrecktem Zeigefinger einem erwartungsvollen Adam entgegenfliegt. »Haben sich die Allgewalten / Endlich schöpferisch entschieden, / Aufzuzeichnen, zu entfalten / Allgemeinen, ew'gen Frieden?«, fragte Goethe und antwortete gleich selber: Nein. Sie waren also wohl nicht *kreativ* genug gewesen.

Aber das Wort akquirierte rasch eine eigene Bedeutung.

Es tilgte die religiösen Konnotationen, säkularisierte sozusagen die Schöpfung. In der Alltagssprache hieß *kreativ sein* bald nicht mehr ›etwas erschaffen‹, sondern nur noch: irgendwelche relativ originellen Einfälle haben. Heute werden die Menschen vor allem noch bei Koch- und Töpferkursen *kreativ*, obwohl kein Lebensbereich der Macht der *Kreativität* verschlossen bleibt. »Der Verein gibt neun Millionen Euro für einen Kreativspieler aus«, sagt ein Pressesprecher und gesteht damit ein, dass man auch im Fußball um Ideen verlegen ist. »Die Luftballons sind ein kreatives Element der Demonstration«, verrät die Sprecherin von Attac vor einer Großdemo stolz und meint nur: bunt und sinnlos.

Die *Kreativen* schlechthin aber sind heute die Angehörigen der werbenden Berufe. Man merkt dem Wort an, wie es sie adelt – wie erleichtert aber auch die Geschäftsführer einer Soßenfabrik sind, die keinen Schimmer haben, wie ein neues Produkt an den Mann zu bringen wäre, die Sache einer *KreativSchmiede* überlassen, wo ein *Chief Creative Officer* und sein *KreativTeam* von Berufs wegen gezwungen sind, sich gegen ein anständiges Honorar auch in hoffnungslosen Situationen etwas einfallen zu lassen, unterstützt von einer Software »für *Kreativprofis* in den Bereichen Web, Print und Video«.

Nichts gegen *kreativ*, auch nichts gegen Töpferei und schöpferische Oberoffiziere. Aber es war doch ein ziemlicher Absturz, von Michelangelos Deckenfresko bis zu den »kreativen Klingeltönen« der Firma Nokia, die das Schöpfen nunmehr dem Handy überlässt, und zur E-Plus-Sprecherin Catrin Glücksmann, als sie das Urheberrecht ihrer Firma an dem Beckenbauer in den Mund gelegten Werbespruch »Ja, ist denn heut scho' Weihnachten?« reklamierte: »Das ist *unsere* kreative Leistung.«

## kritisch

»*Kritische* Geburtshelfer warnen vor Nachteilen der Life-style-OP« (nämlich dem Kaiserschnitt) – ein Wunder, dass man solche Sätze auf Anhieb versteht. Denn was um Himmels willen ist eigentlich ein *kritischer Geburtshelfer*? Einer, der bei seiner Arbeit ausgiebig herumnörgelt? Der nur in kritischen Fällen hinzugezogen wird? Der werdende Mütter kritisiert? Oder ihre Babys?

In den späten sechziger Jahren wurde *kritisches Bewusstsein* zur Mutter aller Tugenden erhoben. Sein entscheidendes Kennzeichen war nicht etwa die Eigenständigkeit des Denkens, ganz im Gegenteil, es war eine Art kollektives Fundamentalmisstrauen. Dieses hat seitdem den Begriff *kritisch* okkupiert und ihm eine gewisse polemische Kraft verliehen. Er behauptet nun nämlich umgekehrt: Wer dieses Fundamentalmisstrauen, dieses kategorische Nein nicht teile, sei eben nicht *kritisch*. Das Gütesiegel bleibt ihm vorenthalten. Ein Geburtshelfer, der den Kaiserschnitt nicht grundsätzlich ablehnt: ist unkritisch, also ein gedankenloser Naivling, dem sich eine Frau besser nicht anvertrauen sollte.

## Kult

Es begann wohl mit dem *Kultfilm*. Erinnere ich mich richtig, war der erste der Musicalfilm *Rocky Horror Picture Show*, 1975. Da zog eine kleine, kostümierte Gemeinde von Fans sonnabends um Mitternacht in bestimmte Kinos und veranstaltete in Gestik und Gesang einen Klamauk, dessen Pointe darin bestand, dass er der immer gleiche war; hier und da zieht sie immer noch. Es war ein Ritual, tatsächlich, eine Art *Kult*, oder die Parodie eines solchen – das Wort war gar nicht schlecht. Die Begriffe, mit denen heute ausgedrückt wird, dass eine Person *Kult* ist, bestätigen den pseudoreligiösen Charakter des Phänomens: *Mythos, Legende, Ikone.* Madonna war eine Zeitlang *Kult*, also war sie eine Pop-*Ikone*. Sie wurde bewundert, sie wurde verehrt, sie wurde *angebetet*.

Weil das Wort so treffend war und ein säkularisierter *Kult* auch einträglich, hagelte es bald *Kultfilme*. Bizarre pseudoreligiöse Rituale waren nicht erforderlich. Manche Filme wurden von ihren Produzenten von vornherein zu *Kultfilmen* ernannt, und das hieß schließlich nur noch: nicht richtig gut und Kassenschlager leider auch nicht, aber ein paar Unentwegte würden sich das schon ansehen, vielleicht sogar zweimal. Aus dem gleichen Schaum wurde der *Kultautor* geboren.

Aber dann dies: »Manche [Unternehmen] erlangen gar schon Kultcharakter – allen voran Aldi.« Und dies ist nicht einfach ein Reklamespruch, sondern eine streng wissenschaftliche Erkenntnis: »Aldi-PCs seien ›schlicht kultig‹, erklärte der Trendforscher Matthias Horx.« Das Ampelmännchen – eine *Kultfigur*. »Ein Schmuddelsender wird *Kult*.« Sogar das: »Der Osten wird Kult, das zeigt der Erfolg des Films *Good-bye, Lenin*.« Was irgendwem gefällt, gefallen könnte oder gefallen sollte, sofort ist es *Kult*, inzwischen auch schon klein geschrieben. Langsam wird das gesamte Inventar der Welt *kult*. Google findet 1,8 Millionen Mal etwas, das schon *kult ist* oder gerade *kult wird*. Obenan: Kitsch, Ikea, Schrumpfung, Platte, Mathematik, Kapitalismus, Niedersachsen, deutscher Weißwein, Putin, Potsdam,

Gearhead, das Falken-Liederbuch, die Maus, Dult, auch Kult selbst (»Kult ist kult«). Wenn eine religionshistorische Arbeit heute feststellte, Latein sei »die Kultsprache des Mittelalters« gewesen, riskierte sie ein Missverständnis.

Aber so ganz falsch läge der Missversteher gar nicht.

## *Kultur*

Einst war es bedeutungsschwer: *Kultur*, das lateinische Wort für ›Ackerbau‹, ›Anbau‹ und in diesem Sinn noch in Laborbegriffen wie *Bakterienkultur* lebendig, aber sonst nur in der Einzahl gebräuchlich, das große Wort für die Gesamtheit der geistigen und vor allem künstlerischen Hervorbringungen einer Gesellschaft, das, was eine Gemeinschaft sorgsam pflegen und tradieren muss, wenn es nicht verloren gehen soll, und sie mit ihm. *Kultur* war das Edle, Erhabene, das, dessen Besitz adelte. Ein *Mensch von Kultur* war mehr als einer mit gewinnenden Umgangsformen und imposantem Wissen – es war einer mit Geistesbildung.

In den späten sechziger Jahren aber begann diese eine *Kultur* sich revolutionär zu vermehren, indem sie zunächst in zwei verfeindete Spezialkulturen zerfiel, die *herrschende Kultur* oder *Hochkultur* und ihren Dauerwiderspruch, die *Subkultur*. Aber noch stand auch hinter dieser der adelnde Nebensinn. Wir, sagten die Comics und die Popsongs, gehören aber auch zur *Kultur*, wir wollen wie diese ernst genommen – und subventioniert – werden. Dann traten weitere *Kulturen* auf den Plan, vor allem die *Gesprächskultur* und die *Streitkultur*, und die Anhängung von *-kultur* bedeutete den Leuten immer noch: Diskutiert nicht so plump, zankt euch nicht so grob, lasst bei allem *Kultur* walten. So ließen sich etwa auch noch *Toleranzkultur, Diskussionskultur,*

**119**

*Friedenskultur* und *Gefühlskultur* verstehen: Kultiviert eure Gefühle, dann könnt ihr auf eure *Gefühlskultur* stolz sein.

Aber das Wort schien in eine gähnende semantische Lücke des Lexikons zu stoßen, übrigens nicht nur im Deutschen. So kam es zu einer immer schnelleren Proliferation der *Kulturen*, und dabei dünnte sich der alte Sinngehalt des Begriffs immer weiter aus. Irgendwann hieß *Kultur* in diesen überhand nehmenden Komposita nicht viel mehr als ›nicht direkt abscheuliche Gewohnheit‹, ›Praxis‹, und schließlich hieß es fast gar nichts mehr, sondern war zu einem bloßen Suffix abgesunken, wie der Diminutiv *-chen* anhängbar an jedes Substantiv: *Anerkennungs-, Angst-, Anschlags-, Bass-, Beratungs-, Buß-, Ermutigungs-, Forderungs-, Freizeit-, Großstadt-, Humor-, Küchen-, Lach-, Lust-, Pop-, Promotions-, Spiel-, Trash-, Traum-, Verwaltungskultur.* Eckhard Henscheid hat etwa tausend solcher Bastardkulturen gesammelt.

Da hängt nun *-kultur* und bedeutet – was eigentlich? Was ist eine *Schuldenkultur*? Eine *Toilettenkultur*? Leicht ist es nicht auszumachen. Irgendwie scheint *-kultur* dem Substantiv immer noch einen positiven Touch hinzuzufügen, zaghaft auf eine gemeinsame und insgesamt eher schätzenswerte Praxis hinzuweisen. »Es muss sich in Deutschland auch an der Unternehmenskultur etwas ändern«, verlangte ein Bundeskanzler. Worin besteht so eine *Unternehmenskultur*? Eine explizite Antwort gab die Besitzerin einer Kinokette, als ihr genau diese Frage vorgelegt wurde: »Wir pflegen einen sehr freundlichen, offenen Umgang miteinander … Es ist wichtig, dass das Personal entspannt und freundlich bleibt.« *Kultur* – nette lockere Manieren. »In meiner Familie gab es seit langem die Kultur des Schokoladeessens«, berichtet jemand im Radio, und früher hätte dafür jedenfalls »Bei uns zu

Hause haben wir immer gern Schokolade gegessen« gereicht. Selbst wer die Methoden, Mitarbeitern geschickt zu kündigen, als *Trennungskultur* bezeichnet, will immer noch am positiven Wert der *Kultur* partizipieren.

Aber Verlass ist auf diesen nicht mehr. Wenn eine Zeitung *Animationskultur* als »Durchgriff des kapitalen Denkens auf die Kunst« (*Frankfurter Rundschau*) definiert, erweckt sie nur noch allerlei Verdächte, unter anderem den, dass der betreffende Autor seinen Beruf verfehlt hat. Vollends verloren scheint die positive Markierung bei der *Bewachungskultur*, der *Fehlerkultur*, der *Kultur der Geheimhaltung*, der *Kultur der Kungelrunden und Intrigen*, der *Kultur der mangelnden Zivilcourage*, der *Kultur des Missverstehens*, der *Kultur des Verschweigens*, der *Kultur des Verdachts und des Misstrauens*, der *Kultur des Neids*, der *Kultur der Straflosigkeit*. Wenn das so weitergeht, wird es eines Tages auch noch …

Gibt es längst, die *Folterkultur*.

## Kunstkritik

Eine Kunstkritik, eine synthetische, collagierte, in deren Begriffsdschungel man sich schon hundertmal zagend und schaudernd verlaufen zu haben glaubt:

»Was wir hier sehen, sind beklemmende Utopien einer hybriden Wirklichkeitskonstruktion. Diese Werke sind voll verstörender Metaphern für die Beschädigungen und Zwänge eines traumatisierten Jahrhunderts. Kunst begegnet in ihnen selbstreferenziell als sachimmanente Auseinandersetzung mit den eigenen Elementen. In ihnen wiederholen sich die anthropologisch fundierten Strukturen eines Homo ludens. Sie verfolgen damit eine Dekonstruktion des dominanten westlichen kunsthistorischen Narrativs mit dem Ziel, eine Möglichkeit von Gegenaufklärung durch visuelle Zeichensysteme aufzuweisen. Mit Dickhoff zu reden, trägt dieses Werk ›Züge von Dekonstruktion im Vollzug ihrer konstruktiven, künstlerischen Verkehrung (De-Konstruktion) und ist als Fortführung politischer Praxis mit anderen – institutionell als künstlerisch geltenden – Mitteln zu sehen‹. Soll heißen, der institutionalisierte Zwang wird hier als die von Michel Foucault minutiös beschriebene dialektische Nachtseite der Utopie sichtbar. Die schwebenden Farbräume schaffen stets eigene Bezugs- und Kommunikationssysteme. Ihnen ist eine durchaus subversive Kraft eigen, welche dem aggressiven Umsturz eingeschliffener Sehgewohnheiten gilt. Sie gehen von kleinen Sensationen der Perzeption aus und schaffen gerade so Räume für eine Wahrnehmung anderer Art.«

Nicht dass diese abgehobene, abweisende und im wahrsten Sinn gekünstelte Sondersprache, die im mündlichen Gespräch kein Mensch dem anderen zumuten würde, in jeder Kunstkritik gesprochen würde. Aber in Ausstellungskatalogen und Fachzeitschriften für zeitgenössische Kunst begegnet man ihr allenthalben, und sogar die Publikumspresse ist gelegentlich affiziert.

Ihre Hauptkennzeichen sind Unanschaulichkeit und Schwerverständlichkeit.

Es ist nicht leicht, für die nichtverbalen Künste richtige Worte zu finden – nicht einmal eine nackte weiße Wand lässt sich in Worten wirklich zufriedenstellend beschreiben. Die besagte Kunst-Kritik entledigt sich dieser heiklen Aufgabe, indem sie sich schlichtweg drückt. Ihrer Prosa lässt sich allerlei Weltbewegendes entnehmen, nur nicht, wie die betreffenden Werke aussehen mögen. In einer Sparte der Kritik, die unentwegt den Erkenntniswert des *Sinnlichen* behauptet und feiert, ist diese eigene Unanschaulichkeit immerhin merkwürdig. Den Leser macht sie misstrauisch, weil sie ihm Urteile hinhält, aber die beurteilten Gegenstände hinter dem Rücken versteckt.

Manche Aussagen dieser Art von Kunst-Prosa sind blanker Unsinn und auch bei bestem Willen nicht verstehbar. Aber andere sind auf ihre Weise sogar ziemlich intelligent, nur sind Unsinn und Tiefsinn hier fatalerweise gar nicht leicht zu unterscheiden. Denn die Schwerverständlichkeit liegt nur selten daran, dass die Gedanken ungewöhnlich tief wären. Der Hauptteil der Intelligenz fließt nicht in den Gedankeninhalt, sondern in die Simulation von Tiefsinn, also in die Ziselierung jenes zeittypischen »Jargons der Uneigentlichkeit« (→*Diskursmächtigkeit*), und wenn es dem Leser gelingt, diesem so etwas wie Inhalt zu extrahieren, ist der oft sogar erstaunlich platt.

Die Schwerverständlichkeit hat vielmehr Methode, ist Methode. Die Sprache hat hier gar nicht in erster Linie die Funktion, dem Leser etwas mitzuteilen. Sie ist vor allem eine Art Betriebsausweis. Mit Hilfe von signalhaft einrastenden Begriffen wie *Code, Dekonstruktion, Utopie, Zeichensystem, selbstreferenziell* und heute vor allem *subversiv* weist sich der Kritiker als jemand aus, der dazugehört, der auf der Diskurshöhe der Zeit steht, weil er die gerade angesagten Begriffe fließend beherrscht – und der somit berechtigt ist, mitzureden und Urteile abzugeben. Um ja nichts Falsches und nichts auf die falsche Weise zu sagen, sagt er besser gar nichts irgend Nachprüfbares und belässt alles in einem Schummer, in dem es ein Richtig oder Falsch nicht gibt.

»Warum lassen wir uns das gefallen?«, fragte die Kunstwissenschaftlerin Noemi Smolik. Ihre Antwort: Weil in Deutschland unverständliche Sätze mit dem Nimbus des Tiefsinns die Menschen einschüchtern – wer sie hinterfragt, riskiert, als Banause entlarvt zu werden. Einschüchterung und »Beschämung des Philisters« (Christian Demand) – das ist geradezu der Hauptzweck dieser Redeweise.[11] Sie beruht auf dem Generalverdacht, dass der Mensch nicht nur das *falsche Bewusstsein* (also fragwürdige politische Meinungen), sondern auch verderbte *Sehgewohnheiten* hat, die ihm die angemessene Rezeption zeitgenössischer Kunst unmöglich machen. Worin diese *Sehgewohnheiten* genau bestehen und inwiefern der Anblick eines Kunstwerks an ihnen tatsächlich etwas ändert, wird niemals expliziert. Man kann nur raten, dass ihr reparaturbedürftiger Defekt just darin besteht, das gerade in Rede stehende Kunstwerk vielleicht nicht so wohlgefällig zu betrachten wie der Kritiker. Auch der durchschlagende Erfolg der modernen Kunst hat diesen Verdacht mitnichten ausgeräumt, nicht einmal die Warteschlangen vor dem MoMA. Seit über hundert Jahren müssen uns unentwegt neue, richtigere *Sehgewohnheiten*, *Wahrnehmungen anderer Art* beigebracht werden, die dann angeblich auch unsere politischen Einstellungen radikal ändern. Dieses hohe pädagogische Ziel rechtfertigt die affektierte, verstiegene Dunkelheit dieser Spielart von Kritik nicht nur, es fordert sie geradezu. Ihr unausgesprochenes Räsonnement lautet nämlich: Du mit deinen schlechten *Sehgewohnheiten* lehnst dieses Werk wahrscheinlich ab, weil du nichts davon verstehst, darum erkläre ich es dir hier, und ich erkläre es so, dass du auch die Erklärung nicht verstehst, mich aber als Experten akzeptieren musst; dann kannst du

Werk und Kritik nicht vergleichen und kommst gar nicht erst auf die Idee, dir eigene Gedanken über beides zu machen. Schäm dich, dass dir beides zu hoch ist, Werk und Kritik, und schließe aus dieser Übereinstimmung, dass hier alles in Ordnung ist, nur du nicht.

Leider aber funktioniert das nicht, leider bringt solche Kritik die Kunst, der sie das Wort reden will, sogar in Misskredit. Bei aller ihrer nicht auf zweifelnden Argumenten, sondern auf bloßen Behauptungen beruhenden Selbstgewissheit wirkt diese Kunstprosa vor allem ungemein hilflos. Sie kann nämlich prinzipiell nicht leisten, was die Kritik leisten müsste: das Besondere an einem Werk zu beschreiben, zu erklären und dann nach benenn- und einsehbaren Kriterien zu bewerten. Das Besondere lässt sich nicht in allerallgemeinsten Begriffen fassen, in Abstrakta zweiten und dritten Grades. Floskeln wie *hybride Wirklichkeitskonstruktion, verstörende Metaphern für die Beschädigungen eines traumatisierten Jahrhunderts, Auseinandersetzung mit formalen Reduktionen, Erkundungen der Bodenlosigkeit künstlerischen Tuns, Schaffung von Bezugssystemen, Baustellen der Subversion* können verständlich sein oder nicht, zutreffend oder nicht, imponierend oder nicht – sie gelten, soweit sie überhaupt etwas besagen, auf jeden Fall nicht nur für dieses eine besondere Werk, sondern gleichzeitig für viele andere, vielleicht für die meisten oder sogar alle. Sie sind nicht geeignet, Unterschiede auszudrücken. In ihrer umfassenden Allgemeinheit ist das Einzelne nicht wiederzufinden. Was ihm Bedeutung zusprechen soll, nimmt ihm seine Eigenheit. Da es aber in seiner *sinnlichen*, anschaulichen Eigenheit vor dem Betrachter steht, lässt der sich von solcher Kritik nicht weiter stören, auch nicht in seinen Sehgewohnheiten.

## Kürzel

»Diese Tools schaffen IMHO nur eine Scheinsicherheit«, schreibt ein Leser an ein Computermagazin. Über den »Bayerischen Verfassungsgerichtshof und eine IMHO anti-rechtsstaatliche Berufung« beschwert sich ein anderer. Ein dritter gesteht: »Ich habe mir ein iBook gekauft – für meine Frau (= DAU aka Dümmster anzunehmender User).« Verstanden? »Das sogenannte ›Simsen‹ sei ›eher positiv‹ zu sehen, konstatierte der Direktor des Instituts für Deutsche Sprache (IDS), Ludwig Eichinger, bei der IDS-Jahrestagung in Mannheim. Früher sei immer die Befürchtung geäußert worden, dass weniger geschrieben werde. ›In Wirklichkeit schreiben durch den Computer wesentlich mehr Menschen. Wer nie einen Brief schrieb, schreibt heute eine Mail oder eine SMS.‹«

Sie schreiben also, unentwegt, im Usenet, in den Chat-Foren zu jeder Frage des Lebens und beim Volkssport »Simsen«. Damit erhalten viele Menschen zum ersten Mal die Chance, sich vor aller Augen als Halbanalphabeten zu outen, und es scheint ihnen nicht das Geringste auszumachen. Kürzel wie aka, DAU oder DQOTD (*dumb question of the day*, ›dumme Frage des Tages‹) sind der sprachlich einfallsreichste Teil des Szene-Jargons, der sich hier herausbildet, drei von Aberhunderten zumeist aus dem Englischen stammender Kürzel, die sich in Windeseile weit über die englisch sprechende Welt hinaus verbreitet haben. Viele entstehen ad hoc, kleine private Scherze, die wohl einen gewissen Sprachwitz bezeugen, aber genauso schnell gehen, wie sie gekommen sind – nämlich wenn ICSTFOI (*I can't see the fun of it*), also die Empfänger den Scherz nicht zu goutieren wissen, vielleicht schon darum, weil sie ihn gar nicht verstehen, denn ohne ausreichende Englisch-kenntnisse ist mit den meisten dieser Kürzel nichts an-zufangen. Andere scheinen bereits so fest eingeführt wie die Abkürzungen der Amts- und Kaufmannssprache (u. a., usw., z. B.).

Trotzdem sind auch diese selbst in Chatter-Kreisen noch keineswegs selbstverständlich. Wer ihnen nicht folgen kann, läuft Gefahr, von den anderen als DAU angesehen und ab-gefertigt zu werden, als Computeridiot. Auf ungezählten Homepages werden sie darum übersetzt und erklärt.[12]

Hier ist eine Liste derjenigen, die im Begriff scheinen, sich dauerhaft zu etablieren. Ob sie groß oder klein ge-schrieben werden, scheint jedem überlassen zu sein. Einige aber sieht man fast immer nur in Großschreibung. Solche, die eher zu den »Emotikons« gehören, den Gefühlsgebär-den der Computerschreibe, werden zumindest in deut-schen E-Mails und SMS-Mitteilungen meist in Sternchen oder Spitzklammern gesetzt (*g* oder <löl>, wie *ächz* oder <schulterzuck>).

afaik *as far as I know, soweit ich weiß* (entspricht dem deutschen siw)
aka *also known as – alias, anderer Name*
asap *as soon as possible, baldmöglichst* (entspricht dem deutschen sbwm)
bd *bis dann*
<bg> *big grin, breites Grinsen*
btw *by the way, übrigens*
cu *see you, bis dann*
cul, auch cyl *see you later, bis später*
cu2 *see you too, gleichfalls tschüss*

127

DAU *Dümmster Anzunehmender User* (auf den deutschen Sprachraum beschränkt, dem GAU – dem Größten Anzunehmenden Unfall der Nuklearindustrie – nachgebildet; entspricht etwa dem englischen luser)

EOD *end of discussion, Ende der Debatte*

EoT *end of thread, das Thema ist durch*

FAQ *Frequently Asked Questions, »häufig gestellte Fragen«*

FOC *free of charge, kostenlos*

fyi *for your information, zu deiner Information*

\*g\* *grins, grinz*

GIGO *garbage in, garbage out, »wenn man Müll reinsteckt, kommt auch Müll raus«*

gute N8 *gute Nacht*

ily *I love you, ich liebe dich*

<i> irony, Ironie

id10t error, gesprochen ei-di-ten-ti (interner Jargon des Call-Center-Personals) *idiotischer Fehler (des luser)*

imho *in my humble opinion, meiner bescheidenen Meinung nach, wenn ich mal was sagen darf*

imo *in my opinion, meines Erachtens*

iow *in other words, mit anderen Worten*

kA *keine Ahnung*

lg *liebe Grüße*

lol, auch \*löl\* *laughing out loud, sehr komisch!*

luser *der User als Looser, Computeridiot* (entspricht dem deutschen DAU)

maW *mit anderen Worten*

mfg *mit freundlichen Grüßen*

mof *matter of fact, Tatsache*

N8 *(gute) Nacht*

nc *no comment, kein Kommentar*

nom *no offense meant, nichts für ungut*

npb *no problem, kein Problem*

öhm *hm*

oic *oh I see, aha!*

p? *pardon?, wie bitte?*

PEBKAC *problem exists between keyboard and chair, Problem besteht zwischen Tastatur und Stuhl* (abfälliger interner Jargon des Call-Center-Personals, um auszudrücken, dass der angebliche Fehler gar keiner ist, sondern beim User liegt)

plz *please, bitte*

qy *query, Anfrage*

rtfm *read the fucking manual, lies im Scheißhandbuch nach*

sbwm *so bald wie möglich* (entspricht dem englischen asap)

sec *second please, Moment bitte!*

siw *soweit ich weiß* (entspricht dem englischen afaik)

stn *schönen Tag noch!* (entspricht dem englischen *hand*)

sysop *system operator, Leiter eines Kommunikationssystems*

tcoy *take care of yourself, pass auf dich auf*

thx, auch tnx *thanks, danke*

tia *thanks in advance, danke im voraus*

toc *table of contents, Inhaltsverzeichnis*

uok? *you okay?, alles in Ordnung bei dir?*

v.a. *vor allem*

wasA *warte auf schnelle Antwort*

WYSIWYG *what you see is what you get*, »was du am Bildschirm siehst, bekommst du genau so von deinem Drucker«

ZKN *zur Kenntnisnahme*

z.Z. *zur Zeit*

Das sonderbare  ☺ dagegen ist gar kein Kürzel, aber dennoch häufig zu sehen, vor allem in Verbindung mit Smileys. Es ist ein Stück unbeabsichtigt angezeigter HTML-Code und bedeutet nur *geschütztes Leerzeichen*.

## Lebensentwurf

Wie lässt es sich zur Abwechslung ein wenig allgemeiner und origineller ausdrücken, wenn jemand beschlossen hat, an einem anderen Ort zu arbeiten als seine Frau? »Sein Lebensentwurf machte ihn zum Shuttle.« Mit der zeitgeistbewussten Umformulierung aber ändert sich unversehens die ganze Einstellung zu Lebensläufen. Vorher war das Leben etwas, das sich nur in Grenzen planen ließ und von Situation zu Situation improvisiert werden musste. Jetzt ist es das natürlich auch noch, aber der hochtrabende neue Begriff tut, als sei das Leben neuerdings ganz anders, erdacht auf dem Reißbrett, bewusst und planvoll durchgestylt von der Wiege bis zur Bahre. »Damit der Lebensentwurf der heute geforderten Mobilität und Flexibilität gerecht werden kann, müssen viele zu Shuttles werden …«

Beim Erreichen der Volljährigkeit also setzt man sich hin und macht unter Berücksichtigung des Umstands, dass man heutzutage bei der Berufswahl nicht allzu wählerisch sein darf und gegebenenfalls längere Fahrzeiten in Kauf zu nehmen sind, einen *Lebensentwurf*, der vorsieht: Heirat mit 26, Shuttle von 29 bis 38, Kennenlernen neuer Lebensabschnittspartnerin im Zug, Scheidung, Umzug … Hinterher nennt man den planmäßig abgelebten *Lebensentwurf* dann seine →*Biographie.*

## Leerstelle

Die gedankliche Durchdringung einer Materie führt wohl oder übel zu immer abstrakteren Begriffen. Ein paar Begriffe werden zu einem neuen Begriff zusammengefasst, ein paar solcher neuen Begriffe zu einem weiteren neuen Begriff, und so fort, bis man im Himmel ankommt. Das muss so sein, man kann es nur hinnehmen, auf der konkreten Ebene lässt sich die Welt nicht gedanklich durchdringen. Trotzdem wäre es nett, wenn die Autoren wenigstens manchmal einen leisen Versuch unternähmen, die Bodenhaftung nicht ganz zu verlieren.

Da es heute so viele Sorten von Verkehr gibt, die alle zusammengedacht werden wollen und müssen – Bahn, Bus, Flugzeug, Pkw, Quad, Lkw, Fahrrad, Cityroller, was weiß ich –, ist ein Begriff wie *Mobilität* wohl unerlässlich (→*automobil*), und *Vernetzung* für alle Formen der Verbundenheit ist zumindest ganz praktisch. Was aber hat der Leser von dem Satz »Mobilität muss künftig viel vernetzter gedacht und geplant werden« (Verkehrsunternehmensmanager Hemjö Klein in der Zeitschrift *mobil*)? Wäre ihm nicht doch mehr gedient mit der Aussage, dass bei der Verkehrsplanung Bahn, Flugzeug und Kfz aufeinander abgestimmt werden sollten?

Oder man nehme, stellvertretend für eine ganze Textsorte, ein Zitat aus einer sprachphilosophischen Schrift des Germanistikprofessors Ludwig Jäger: »Die im Zuge ihrer Prozessierung in Zeichenhandlungen material erscheinende Medialität von Sprachzeichen fungiert nicht lediglich als *Transportmittel* sprachunabhängiger, medienindifferenter mentaler Entitäten, sondern gleichsam als *Möglichkeitsbedingung* solcher Entitäten … Medialität ist insofern eine wesentliche Voraussetzung von Mentalität (als Gesamtheit aller mentalen Prozesse und Strukturen).« Alles okay, vermutlich richtig gedacht und genau gesagt. Aber, mit Verlaub, hat dieser Satz nicht selbstreferenziell die Medialität als wesentliche Voraussetzung von Mentalität negiert, will sagen: wäre es nicht zwar unsauberer, aber sozialverträglicher, das Ganze so auszudrücken (vorausgesetzt, ich habe den Sinn richtig erraten): Wörter sind nicht nur dazu gut, Gedanken mitzuteilen; sie sind nötig, um Gedanken überhaupt zu denken?

»Der Text verweist selbstreferenziell auf sich selbst als Leerstelle«, hieß es in einer Buchrezension des Deutschlandfunks. Das mag so sein, aber ein solcher Satz verweist leider auf nichts, auch auf keine Leerstelle – er ist selber eine.

### menschenverachtend

Gegen das Wort *menschenverachtend* habe ich etwas. Es ging auch ohne. In den Wörtersammlungen des Instituts für deutsche Sprache ist es erst seit 1985 nachgewiesen, nicht sofort in der heutigen Standardbedeutung ›totalitär‹, ›menschenrechtswidrig‹. Zunächst war es allein gewichtigen historischen Tatbeständen vorbehalten: »die menschenverachtende NS-Diktatur«, das zwanzigste Jahrhundert habe »Rekorde an Menschenverachtung aufgestellt«. Dann sackte es ab, bis von ihm nicht viel mehr übrig war als der Ton der Missbilligung und Verurteilung selbst. Einem Amtsgericht zufolge legte ein Fotograf »ein niederträchtiges und menschenverachtendes Vorgehen« an den Tag, als er sich mit einer Frau erst betrank und sie dann nackt fotografierte, was ihr hinterher unangenehm war.

Die Verlockung des Wortes bestand darin, dass es politische und soziale Realität nicht nur zu benennen, sondern auch psychologisch zu erklären schien. Heute, da es zu einer Pflichtformel erstarrt ist, sieht man, dass jener Schein trog. Die Ursache eines Verbrechens ist nicht die Verachtung, der jemand damit Ausdruck verleiht.

Als individuelle Gefühlshaltung könnte Menschenverachtung im übrigen etwas durchaus Sozialverträgliches und sogar Honoriges sein, Ergebnis böser Erfahrungen mit den Artgenossen, Ausweis eines geschärften Moralbewusstseins: »Er strafte seine Peiniger mit Verachtung.« Ob jene, die man vereinfachend »die Täter« nennt, in besonderem Maß von ihr befallen sind, ist unbekannt. Die großen und kleinen Tyrannen müssen die Menschen nicht unbedingt verachten; sie können sie auch fürchten, hassen, auf ihre krumme und verblendete Weise sogar lieben.

Und überhaupt ist etwas nicht darum ein Verbrechen, weil dabei subjektiv dies oder jenes empfunden worden sein mag, was man im übrigen nie genau wissen wird. Das Wort *menschenverachtend* führt in die Irre. Es stellt eine Psychologisierung des Politischen und Moralischen dar, eine mehr als fragwürdige.

### *menschlich*

War Hitler ein *Unmensch*? »Er war ein machtbesessener, geisteskranker und menschenhassender Unmensch«, hieß es in mehr als einem Diskussionsbeitrag zum Film *Der Untergang*. Nun ja, ein *humaner* Mensch war er jedenfalls nicht, so viel steht fest: Er betrachtete und behandelte einen Großteil der Menschheit als *Untermenschen*. Aber sind *in-*

*human* und *unmenschlich* Synonyme? Ist nur der humane Mensch ein Mensch? Können wir den Inhumanen einfach per Bezeichnung aus unserer Gattung ausschließen und zu einem Nichtmenschen erklären? Wäre es nicht realistischer zuzugeben, dass es höchst *menschlich* ist, sowohl *human* als auch *inhuman* sein zu können?

Die Unsicherheit, die uns bei den Begriffen *human* und *menschlich* beschleicht, hat eine Wurzel, die weit außerhalb des »rein Sprachlichen« liegt. Sie kam auf, als die Lateiner *menschlich* gleichsetzten mit *gütig*, etwa Cicero, als er den Feldherrn Scipio, den Zerstörer des zu zerstörenden Karthago, *homo doctissimus atque humanissimus* nannte, einen *überaus gelehrten und menschlichen Mann*, und damit *menschenfreundlich* meinte. (Die *Humanisten* fügten dem noch die Bedeutung *menschenwürdig* hinzu.) Seitdem bilden sich die Menschen gerne ein, ihr hervorstechendstes Gattungsmerkmal sei die Güte – eine Jahrtausendselbsttäuschung.

## Migrationshintergrund

Es ist, als hätte in den Sozial- und Schulbehörden ein Verklausulierungswettbewerb stattgefunden. »Etwa die Hälfte aller Schulabgänger mit Migrationshintergrund hat keine abgeschlossene Berufsausbildung.« – »Die Welten der Mädchen mit Migrationshintergrund sind ganz anders.« – »Am häufigsten kommen die Pflegekräfte mit Migrationshintergrund heute aus Polen.«

Warum sagen sie nicht geradeheraus *Ausländer*? Warum nicht *Nichtdeutsche* oder *Einwanderer* oder *Immigranten*? Aus zwei Gründen, die sich gegenseitig das Alibi liefern. Zum einen sind *Ausländer* und *Einwanderer* oder *Nichtdeutsche* zu spezielle Begriffe, denn sie enthalten jeder eine Feststellung zum rechtlichen Status, die nur auf einen Teil der Gemeinten zutrifft. Die in Deutschland geborenen Kinder von Ausländern ohne deutsche Staatsangehörigkeit zum Beispiel sind streng genommen weder *Ausländer* noch *Einwanderer*, und sie sind – gerade das ist ihr Problem – weder *Deutsche* noch *Nichtdeutsche*. Diesem Defizit allerdings haben die (vielverwendeten) Begriffe *Zuwanderer* und *Migrant* fast vollständig abgeholfen. Die umständliche bürokratische Umschreibung *Person mit Migrationshintergrund* ist darum schlicht überflüssig.

Der zweite Grund ist Rücksichtnahme: Die eigene Klientel soll nicht mit Bezeichnungen etikettiert werden, die in Teilen der Bevölkerung negativ besetzt sind. Es ist die gleiche prophylaktische Rücksichtnahme, die aus Türken *Mitbürger türkischer Herkunft* macht, aus Armen *Unterprivilegierte* oder *Sozialschwache*, aus Alten *Senioren*, aus Altersheimen *Seniorenresidenzen*, aus Verhandlungsgegnern *Sozialpartner*, aus Verbrechern *Straffällige*, aus Gefängnissen *Vollzugsanstalten*, aus Elends-, Armen- und Ausländerquartieren, Slums und Gettos *soziale Brennpunkte*, aus Unwissenheit und Dummheit *Bildungsferne* und *Lernschwäche* oder *Entwicklungsverzögerung*, aus Geisteskranken und Verrückten *Psychiatriepatienten* oder *Personen mit Psychiatrieerfahrung*. Kein Mensch soll über seine Unzulänglichkeiten definiert werden. Die alten, plumpen, direkten Wörter, so die Theorie dahinter, riefen negative Assoziationen hervor und *stigmatisierten* die Betroffenen damit. Die neue sprachliche Einkleidung soll unliebsame Tatbestände kaschieren und etwaige Vorurteile ins Leere laufen lassen. Wenn du etwas gegen →Zigeuner gehabt haben solltest: Die gibt es gar nicht mehr, es gibt nur noch *Roma und Sinti*.

Der Erfolg solcher rein sprachlichen Weltverschönerungsmaßnahmen ist indessen zweifelhaft. »In diesem sozialen Brennpunkt konzentrieren sich Personen mit Migrationshintergrund aus zumeist bildungsfernen Milieus« – wie überaus rücksichtsvoll, aber die Leute ahnen dennoch sogleich, was gemeint ist: dass im lokalen Türkenkiez Familien leben, die Deutsch weder lesen noch schreiben können. Sie denken und fühlen über diese Personengruppe weiter wie vorher, wenn nicht mit den alten Wörtern, die sie nunmehr in der Öffentlichkeit lieber für sich behalten, dann mit den neuen, die unverzüglich mit den alten Konnotationen und Assoziationen aufgeladen werden. Wenn sie Vorurteile hatten, werden sie von ihnen nicht durch ein überarbeitetes Vokabular geheilt, sondern höchstens durch gegenteilige Lebenserfahrungen.

Auch mit der Schutzfunktion der »politisch korrekten« Sprache dürfte es nicht weit her sein. Wenn der Arme sein Portmonee um und um dreht, nützt es ihm wenig, dass sein Geldmangel auf den zuständigen Ämtern als *Sozialschwäche* geführt wird. Der Alte denkt über seine zunehmende Gebrechlichkeit nicht versöhnlicher, wenn man ihn zuvorkommend als *Senior* tituliert. Die Dummheit hat nicht abgenommen, seit es sie nicht mehr gibt.

Dennoch sind semantische Manipulationen nicht von vornherein wirkungslos. Jede Ideologie macht sich durch die semantischen Verschiebungen im Vokabular einer Sprache kenntlich, die sie mit sich bringt. Begriffe bezeichnen nicht nur, sie interpretieren die Wirklichkeit auch. Der politische Kampf um die Begriffe ist ein Kampf um die Deutungshoheit. Effektiver aber, als alte Wörter, die den Schmutz der Zeiten an sich tragen, durch klinisch saubere neue zu ersetzen, ist die Vorzeichenumkehrung. So haben die Homosexuellen viel für den Abbau von Vorurteilen ihnen gegenüber getan, als sie das frühere unverhohlene Schimpfwort *schwul* kurzerhand mit einem positiven Vorzeichen versahen und geradezu zu einem stolzen Banner erhoben. Das aber konnten nur sie selber; die Ämter hätten nur eine umständliche kaschierende Umschreibung wie *andersorientiert* in Umlauf setzen können, die die allgemeine Druckserei nicht beendet hätte.

Dem alles in allem geringen Nutzen des bloßen Begriffstauschs steht sogar ein Schaden gegenüber. Die Umetikettierung nämlich kann bei den Leuten leicht den Verdacht wecken, dass etwas Offensichtliches vor ihnen verborgen werden solle. Dass es zwei Sprachen gebe, ihre eigene direkte und ehrliche und eine öffentliche, die umständlich und verlogen ist. Dass also ein Bluff im Gange sei.

Die *Person mit Migrationshintergrund* liefert einem solchen Verdacht Munition. Die Bezeichnung drängt das, was gerade das sozial Problematische ist, wortwörtlich in den Hintergrund, als seien Integration und Assimilation der Migranten längst geschafft: normale *Mitbürger* alles, die nur irgendwo im Hintergrund einmal eine Beziehung zu einer fremdländischen Kultur hatten. Der Begriff leistet der Selbsttäuschung Vorschub, und Selbsttäuschungen rächen sich eines Tages.

Den hellhörigen Schriftsteller Max Goldt schreckt der *Migrationshintergrund* zu Recht: »Nicht schön ist es aber, wenn Kinder nichtdeutscher Eltern, bloß weil man sie nicht Ausländer nennen möchte, als ›Menschen mit Migrationshintergrund‹ bezeichnet werden. Meine Eltern flohen 1945 aus Schlesien. Bin ich deswegen ein ›Mensch mit Ver-

treibungshintergrund‹? Sprachbürokratische Formeln lassen sich leicht in Beleidigungen umdeuten. ›Du hast wohl
'nen Migrationshintergrund!‹ klingt wie ›Du hast einen
Knall!‹«[13]

## Mist gebaut

Wo sie komplexe Zusammenhänge zu erläutern versucht,
verlässt sich die Sprache der Politiker heute weniger auf die
Mischung von technokratischem Kauderwelsch und feier-
lich hallenden Passepartoutformeln der Ära Kohl, wie *in
der Verantwortung stehen, in der Pflicht stehen, Weg in die Zukunft, kostbares Vermächtnis, bleibende Verpflichtung, geistig-sitt-
liche Wende.* Sie ist einerseits sachlicher, noch technischer
und bürokratischer geworden, hat sich andererseits aber
auch mächtig gelockert. Der respektlose Ton des Protests
ist an die Macht gelangt. Politiker, die in Talkshows »fron-
tal« angegangen werden, zahlen in gleicher Münze zurück.
Ihre Sprache wird deutlicher, salopper, hemdsärmeliger,
ironischer, aggressiver und damit alles in allem volksnäher.
Aus den fernen Höhen undeutlicher Feierlichkeit steigen
sie herab in den Argot des Alltags. Sie sprechen den flap-
sigen allgemeinen Straßenjargon: *abschmieren, absegnen, ab-
zocken, anleiern, aufquietschen, auseinander fliegen* (»… ehe der
Laden völlig auseinander fliegt«), *keinen Bock haben, die Brocken hinschmeißen, durchziehen, einknicken, auf die Fresse fallen, Gezeter, den Hals nicht voll kriegen, Hickhack, klauen, der
Laden brummt, Macken haben* (das Kyoto-Protokoll hat welche), *platt machen, zu Potte kommen, absoluter Quatsch, ein
saugroßes Problem, schmeißen, Schnauze voll, schultern, tolle Sache, Strippenzieher, toppen* (die Agenda 2010), *vergrätzt, ver-
pennen, an die Wand fahren, zurückrudern, zusammenkrachen*

(die Sozialsysteme) – alles gesammelt in den Funk- und Fernsehnachrichten einiger Wochen.

Manchmal werden sie geradezu grob. Als schlicht »zum Kotzen« bezeichnete Gerhard Schröder im September 2003 das Verhalten einiger Bündnisgrüner, und das ZDF nannte das einen »rustikalen Ausdruck«. »Die Weinerlichkeit der Ostrentner ist zum Kotzen«, sekundierte der Staatsmann Helmut Schmidt, der einmal den Spitznamen »Schmidt-Schnauze« trug. »Was für eine Scheiß-Partei«, seufzte Egon Bahr über seine SPD. »Ströbele hat einen Tick«, konstatierte Michael Glos (CSU). »Wenn die Angeklagten tatsächlich freigesprochen werden, halte ich das für eine Sauerei. Da muss man sich doch an den Kopf fassen«, schimpfte der stellvertretende Vorsitzende der SPD-Fraktion, Michael Müller. Gerhard Schröder hätte wahrscheinlich nicht unter dem Ruf leiden müssen, kein großer Europa-Fan zu sein, hätte er 1998 nicht formuliert: »Die Hälfte der Gelder, die in Europa verbraten werden, zahlen die Deutschen.« Ausgeben, ja – aber *verbraten*? »Wenn ich Mist gebaut habe, dann stehe ich dafür gerade«, erklärte einst Außenminister Fischer. Der Bundestagsabgeordnete Solms wusste zu formulieren: »Die Frage ist doch, wie kriege ich das so einfach wie möglich hin? Wieso legen sie so ein saumiserables Gesetz vor?« Die türkischstämmige Bevölkerung habe eine Nachricht mit Unverständnis aufgenommen? Nein, heute heißt es klipp und klar »Die Türken sind stinksauer«.

Mit diesem Ton hat es die Politik →*hingekriegt*, sich selbst das Numinose der Macht auszutreiben und sich als ein alltägliches Geschäft darzustellen. Es ist ein durchaus erfreulicher Wandel. Ein Abstand bleibt dennoch erhalten, aber nicht zwischen einer undurchsichtig-erhabenen Redeweise und der saloppen politischen Alltagssprache, sondern zwischen dieser und dem legasthenischen Gegeifer, das sich heute bar aller Hemmungen in der Anonymität des Internet austoben kann und einen für die Zukunft schwarz sehen lässt. Diskussionsbeitrag zu →*Hartz IV*: »Was haltet ihr von dieser scheiße?????? ich sag nur Schröder (und seine Lügenverein) hat es verdient mit eiern beschmießen zu werden.......eine verdammt große Sauerei an die bevölkerung::::☹ arrrrrrrggggggggghhhhhhh«.

## Nachhaltigkeit

Die Wörter *nachhaltig* und *Nachhaltigkeit* mussten sich eine Menge Schelte gefallen lassen. Man verstehe ja gar nicht, was damit gemeint sei, hieß es. Sie würden falsch gebraucht und bedeuteten in Wirklichkeit etwas ganz anderes. Oder: Sie seien so blass und trocken, dass sie nicht geeignet seien, die Menschen aufzurütteln zu *nachhaltiger* Aktion. In Wahrheit aber sind sie ein Glücksfall, ein Glücksfund.

Als die angloamerikanischen und mithin internationalen Umweltdebatten der frühen achtziger Jahre auf einen neuen Zentralbegriff zuliefen, den der ›langfristig umweltverträglichen Ressourcennutzung‹, bedurfte dieser dringend einer knappen und prägnanten Bezeichnung. Sie fand sich in der marginalen, selten gebrauchten englischen Vokabel *sustainable*, wörtlich ›dauerhaft aufrechterhaltbar‹. Die Auffüllung mit der Bedeutung ›langfristig umweltverträglich‹ stellte keine Zweckentfremdung des Wortes dar, sondern nur eine leichte Bedeutungsverschiebung hin zu einem spezielleren Sinn. In dieser Sprachgestalt wurde *sustainable development* oder, als kürzere Neuableitung, *sustainability* zu einer Leitidee und damit zu einem Schlagwort des globalen Umweltdiskurses. Wer heute mit Google danach sucht, findet *sustainable development* 84 und *sustainability* 111 Millionen Mal: eine beispiellose Karriere für einen Terminus, den es vor zwanzig Jahren noch gar nicht gab. Wer an diesem Diskurs teilnehmen wollte, musste den Begriff auch in seine Sprache übernehmen. In manchen fiel die Übersetzung leicht. Im Französischen brauchte aus *sustainable development* nur *développement soutenable* zu werden, im Spanischen *desarrollo sustentable*, im Italienischen *sviluppo sostenibile*. Im Deutschen jedoch ...

Im Deutschen wollte sich zunächst partout nichts Passendes finden. Als 1987 der Brundtland-Report veröffentlicht wurde, die Umweltinventur der 1983 von den Vereinten Nationen gegründeten Weltkommission für Umwelt und Entwicklung, behalfen sich die Medien mit umständlichen Umschreibungen wie *dauerhaft-umweltgerecht* oder *dauerhaft-umweltverträglich*. Oder sie übersetzten *sustainable* kühner, aber missverständlich mit *tragfähig* oder *zukunftsfähig*. *Tragfähig* wäre eine Entwicklung ja nur dann, wenn von vornherein feststünde, dass sie die Belastung tatsächlich aushalten wird, und das ebenso dramatische wie vage *zukunftsfähig* wurde rasch ein Mode- und Allerweltswort mit seinen eigenen Problemen. In der offiziellen deutschen Übersetzung des Brundtland-Berichts hieß *sustainable development* einfach *dauerhafte Entwicklung*. In der richtungweisenden Definition: »Unter dauerhafter Entwicklung verstehen wir eine Entwicklung, die den Bedürfnissen der heutigen Generation entspricht, ohne die Möglichkeiten künftiger Generationen zu gefährden, ihre eigenen Bedürfnisse zu befriedigen und ihren Lebensstandard zu wählen.«[14] Diese Definition verdeutlichte nebenbei vor allem eines: dass *dauerhaft* ein Missgriff war. Denn eine *dauerhafte Entwicklung* ist schlicht eine, die zeitlich unbegrenzt voranschreitet. Welche Chancen sie kommenden Generationen einräumt, lässt das Wort völlig unausgedrückt.

Was also tun? Heute ließe man ein englisches Wort wie *sustainability*, für das sich keine naheliegende Übersetzung anbietet, wahrscheinlich einfach unübersetzt. Oder man bildete dem Englischen ein ähnliches gräkolateinisches Wort nach; tatsächlich wurde mit der alten philosophischen *Substinenz* experimentiert – von da wäre der Weg zur *Sustenierbarkeit* nicht weit gewesen. In diesem Fall aber kam es noch einmal anders. Als 1992 die UN-Umweltkonferenz von Rio ihre Agenda 21 verabschiedete, wurde deren Zentralbegriff nur noch auf eine Art wiedergegeben: *Nachhaltigkeit*. Irgendwann zwischen 1988 und 1992, zwischen Brundtland-Bericht und Agenda 21, muss es passiert sein.

Es gibt drei Möglichkeiten. Entweder hat irgendwo in den Medien ein Volontär, der spätnachts eine Meldung übersetzen musste und *sustainability* nicht im Wörterbuch fand, in der Eile das falsche Wort gegriffen, denn *Nachhaltigkeit* bedeutete in der deutschen Umgangssprache ja etwas anderes, nämlich ›tief und lange Zeit wirksam‹. (Thomas Mann: »… daß ich nach so langer Zeit noch auf [eine bestimmte Opernaufführung] zu sprechen komme, beweist die ungewöhnliche Nachhaltigkeit des Eindrucks, den sie hervorrief.«[15]) Oder jemand hat im vollen Bewusstsein, dass es eigentlich das falsche Wort war, es dennoch gewählt, weil er meinte, es könnte diese Umdeutung gut vertragen. Oder …

Der früheste Beleg für *Nachhaltigkeit* in ihrem neuen

Sinn, der sich in den Datenbanken des Instituts für deutsche Sprache findet, stammt aus einem Artikel der *taz* über die deutsche Eiche vom 6. November 1990: »… der Ex-Wackersdorf-Fan und Ex-Umweltminister aus München Alfred Dick (CSU) fabuliert über das ›Prinzip der Nachhaltigkeit‹ im Umweltschutz …« Der Beleg davor, vom 8. Juni 1990 und ebenfalls aus der *taz*, lautet »›Nachhaltigkeit‹ ist der zentrale Begriff des Berichts« – es war ein Bericht über Tropenholzwirtschaft. Und genau aus diesem könnte er stammen.

Wenn es aber bei diesen frühen Belegen für *Nachhaltigkeit* um Bäume ging, dann wäre das Wort gar keine Fehlübersetzung gewesen, weder eine versehentliche noch eine wohlbedachte, sondern der intelligente Rückgriff auf ein Wort, das in der deutschen Sprache schon seit Jahrhunderten vorhanden war, aber nicht in der Alltagssprache, sondern in der Fachsprache der Forstwirtschaft. Hier bedeutete *Nachhaltigkeit*: Bäume auswachsen lassen und dem Wald immer nur so viel Holz entnehmen, wie nachwächst – das Gegenteil von Raubbau.

Diese forstwirtschaftliche *Nachhaltigkeit* ist seit 1713 belegt. Erfunden hat den Terminus ein Freiberger Vizeberghauptmann unter August dem Starken namens Hannß Carl von Carlowitz, der sich Gedanken darüber machte, wie den sächsischen Bergwerken dauerhaft Holz von hoher Qualität zu liefern wäre. Er experimentierte mit anderen Wörtern wie *kontinuierlich, pfleglich, beständig, perpetuierlich, immerwährend* und schrieb dann: »Wird derhalben die gröste Kunst, Wissenschaft, Fleiß und Einrichtung hiesiger Lande darinnen beruhen, wie die sothane Conservation und Anbau des Holtzes anzustellen, daß es eine continuierliche, beständige und nachhaltende Nutzung gebe, weiln es eine unentbehrliche Sache ist ...«[16]

Es war dann also gar kein Missgriff. Es wurde in einer deutschen Fachsprache ein den neuen Sinn ziemlich genau treffendes Wort entdeckt und für die Allgemeinsprache aktiviert. Ein relativ durchsichtiges Wort: Sowohl die Wirksamkeit als auch die Zukunftskomponente klingen darin an. Kein abschreckendes Fremdwort, sondern ein Alltagswort und glücklicherweise ein unpolemisches, denn polemische Wörter haben eine kurze Verfallszeit.

Allerdings, die frühere *Nachhaltigkeit* der Alltagssprache – die lang anhaltende tiefe Wirkung – musste der neuen *Nachhaltigkeit* wegen ein Stück beiseite rücken, aber Verwechslungen drohen nicht, selbst in der Isolation – niemand käme darauf, dass sich hinter dem Titel *Nachhaltig waschen* die Aufforderung verbergen könnte, sich gründlicher zu säubern.

### nachvollziehen

Manchmal verdient die Findigkeit der Sprachgemeinschaft ausdrückliches Lob. Ein dringend benötigter Begriff war schon immer der, der heute das Etikett *nachvollziehen* trägt. Neu ist das Wort natürlich nicht; aber bis vor zehn, zwanzig Jahren fristete es, vorwiegend in der Form *nachvollziehbar*, ein Schattendasein. Die Hauptbedeutung war (Schritt für Schritt) ›nachmachen‹ oder ›rekonstruieren‹: »Das Kommissariat hat die Tat in allen Einzelheiten nachvollzogen« oder »Mit Hilfe des Origamiroboters wollen Techniker menschliche Bewegungen nachvollziehen«. *Das ist nicht nachvollziehbar* war – und ist – dagegen eine förmliche Art, ›das versteht ja kein Mensch‹ zu sagen. Die Bedeutung pendelte also zwischen ›rekapitulieren‹ und ›verstehen‹. Als sich dann langsam das Verb *nachvollziehen* weiter und weiter ausbreitete, ließ es jedoch die Bedeutung ›verstehen‹ hinter sich und siedelte sich semantisch genau in der bis dahin leeren Mitte zwischen ›verstehen‹ und ›billigen‹ an.

Vorher wurde diese eher schlecht als recht von ›verstehen‹ mit wahrgenommen. »Ich verstehe Ihr Anliegen« hieß zum einen: Ich begreife seine Logik, zum andern aber auch gleich: Ich billige es. Als der Shell-Konzern 1995 nach den rabiaten Protesten gegen eine Entsorgung der Ölplattform Brent Spar im Meer sein berühmtes »Wir haben verstanden« lancierte, wollte er nicht sagen, dass bei ihm endlich der Groschen gefallen wäre, sondern dass er in sich gegangen sei, sich die Kritik seiner Gegner zu eigen gemacht habe und über die Sache nun genau so denke wie sie. Das stereotype »Wir bitten um Ihr Verständnis« wäre komisch, wenn es wirklich eine Bitte um Verstehen wäre (»Bitte kapiert doch endlich, dass der Zug eine Viertelstunde Verspätung hat«); tatsächlich ist es natürlich eine Bitte um billigende Nachsicht. »Ich verstehe Ihr Anliegen nicht« dagegen hieß nur: Ich begreife nicht, was Sie da sagen, und was ich nicht begreife, kann ich natürlich auch nicht billigen. Wer nicht Gefahr laufen wollte, als Trottel dazustehen, der selbst klare und einfache Sätze nicht verstand, musste ständig ›verstehen‹ – und damit indirekt billigen und eventuell falsche Hoffnungen wecken.

Heute hat er *nachvollziehen*. »Die Verteidigung von sozialen Besitzständen ist ein nachvollziehbares Anliegen«, sagte der Generalsekretär der SPD, und jeder weiß, wie er das meint. »Das kann ich nachvollziehen« heißt: Wenn ich mich in Ihre Position versetze, erkenne ich deren Logik durchaus – allein, meine Position ist eine andere, und von der aus billige ich sie mit meinem bloßen Verstehen noch lange nicht.

Ganz in seinem Element ist *nachvollziehen* in diesem Leserbrief: »Ihren Ärger über den Irak-Krieg kann ich nachvollziehen. Ich finde diesen Krieg auch nicht ›gerecht‹. Aber …« Fast zwangsläufig folgt dem *nachvollziehen* ein *aber*, das erklärt, warum das Verstehen in diesem Fall keine Billigung ist (»… es wundert mich schon sehr, dass momentan in der Öffentlichkeit ›nur‹ dieser Krieg der Amerikaner verdammt wird«).

## Netzwerk

Eben noch hat ein Begriff in irgendeinem Winkel des Lexikons ein Schattendasein geführt, plötzlich ist er in aller Munde, scheint einen erheblichen Ausschnitt der Realität nicht nur zu bezeichnen, sondern ihm sozusagen Fasson und Sinn zu verleihen. Bald kann man sich dann nicht mehr vorstellen, wie die Welt je ohne ihn ausgekommen ist. In den sechziger Jahren war *Medien* ein solcher Begriff (vorher mussten sie immer einzeln aufgeführt werden: *Pressefunkundfernsehen*; *Buch, Zeitung, Zeitschrift* …), in den siebziger Jahren *Diskurs* (vorher musste man sich zwischen den spezielleren Begriffen *Diskussion, Gespräch, Dialog* entscheiden, während ein *Diskurs* sehr wohl auch in Form vieler Monologe stattfinden kann), in den achtziger Jahren *Synergie* (deren Wunderkraft verblasste, als sich herausstellte, dass sie oft nichts anderes bedeutete – oder vielmehr verbrämte – als Zusammenlegung, Rationalisierung und Entlassungen). Die Wunderwörter der neunziger Jahre waren *Netzwerk* und *Vernetzung*.

Die Cybergemeinde sieht mit der *globalen Vernetzung* durch das Internet geradezu eine neue Menschheitsepoche, einen neuen Seinszustand des Menschen heraufdämmern. Wer gerade umgezogen ist und befindet, er müsse am neuen Wohnort *netzwerken* oder sich *erst mal ein bisschen vernetzen*, meint damit nur, er möchte ein paar nette Leute kennen lernen und ein paar vielleicht nützliche Kontakte knüpfen. Oft ist *Netzwerk* nur ein trendiges Wort für ein nützliches Beziehungsgeflecht, das früher mit der despektierlichen Bezeichnung *Klüngel* oder *Seilschaft* oder *Filz* hätte vorlieb nehmen müssen. In diesem Sinn ist das *Netzwerk* die Adelung des Filzes.

Das deutsche *Netzwerk* wie das englische *network* sind beide Uraltwörter, die zudem das Gleiche bedeuten: ›netzartige Struktur‹, im Unterschied zu dem bloßen *Netz*, dem konkreten ›Gebilde aus verknüpften Fäden‹. Fische werden nie in einem *Netzwerk* gefangen, sondern nur im *Netz*. Computer bilden kein *Netz*, sondern immer ein *Netzwerk*. Bei *soziales Netz* und *soziales Netzwerk* versagt diese Unterscheidung. *Netz* bedeutet hier eher das soziale Sicherungssystem, das abschätzig *soziale Hängematte* heißt, *soziales Netzwerk* eher das Geflecht aus gegenseitigen Verpflichtungen.

Insofern traf es sich günstig. Als *network* dank Internet und Intranet im Englischen Karriere machte, war ein gleich gebautes und gleich klingendes deutsches Wort vorhanden, das ohne weiteres mit der neuen Bedeutung ›Gruppe verbundener Computer‹ aufgeladen werden konnte. Für *networking* bot sich überdies eine – recht geschickte – Lehnübersetzung an: *Vernetzung*.

Im informationstechnischen wie im sozialen Sinn sind *Netzwerk* wie *Netz* Metaphern. Sie haben die Stärke der

Anschaulichkeit. Ihre Schwäche ist weniger sichtbar. Sie drücken eine Vorstellung, eine Hoffnung aus: dass das Beziehungsgeflecht, in das einer sich einbindet, indem er sich *vernetzt*, hierarchielos, flach ist wie eben ein Netz; dass die Verbindungen zwischen den Knoten gleich stark sind; dass die Person an jedem Knotenpunkt genauso viel nimmt wie gibt; dass das Ganze, obwohl für den Einzelnen völlig undurchschaubar, etwas Geordnetes und Egalitäres ist. Das heißt, die anschauliche Metapher vom *Netz* ist keine Beschreibung irgendeiner gegenwärtigen oder künftigen Realität. Sie ist Wunschdenken, eine Utopie. Diese Einsicht führt dann zum Überdruss an »dem ganzen Gerede von Vernetzung«.

## Nobler Schall

Die wegweisenden politischen Wertbegriffe auf den Fahnen, hinter denen die Massen in den letzten Jahrhunderten hermarschierten, sind – wenn man so sagen darf – semantisch krank. Und es ist zu befürchten, dass sie nicht trotz dieser Krankheit zu Begriffspopanzen geworden sind, sondern gerade wegen ihr.

Sie stiften zwar die Menschen zu noblen Gefühlen und Taten an, führen sie aber auch in Denkfallen, verwirren ihnen die Sinne, erzeugen absurde Erwartungen, locken sie auf persönliche Abwege; gelegentlich wurden in ihrem Namen Verbrechen großen Stils begangen. Sie sind zu weit, zu abstrakt, zu allgemein oder zu relativ.

*Solidarität*: der Kameradschaftsgeist der Arbeiterklasse, in seinem historischen Zusammenhang ein durchaus sinnerfüllter Begriff, als Bezeichnung für den Finanzierungsmodus von Kranken- und Altersversicherungen aber zu

**148**

hoch gegriffen oder schlicht eine Vorspiegelung falscher Tatsachen.

*Gesellschaft* selbst: ein Begriff, der die Gesamtheit zu einem Wesen verdinglicht, sie als handelndes Subjekt ausgibt, das stellvertretend Verantwortung tragen kann, eine bedenkliche Hypostasierung. Sie kaschiert die Absurdität von Feststellungen wie »Weder die Eltern noch die Gesellschaft können dem kleinen Jungen einen Ersatz bieten« (Bettina Wegner). »Die Gesellschaft ist an seinem Elend schuld« bedeutet zwar nichts anderes als »Wir alle sind an seinem Elend schuld«, verlagert aber die Verantwortung hin zu einer mysteriösen Instanz namens *Gesellschaft*, anscheinend eine Behörde oder Firma zur Milderung von persönlichem Elend, die in diesem Fall vorschriftswidrig untätig geblieben sei.

Die kraftvolle Parole der Französischen Revolution, *Freiheit, Gleichheit, Brüderlichkeit*: schöner Schall – solange man nicht fragt, was er konkret bedeuten könnte.

*Brüderlichkeit* ist ein familiäres Verhalten von zweifelhafter Verlässlichkeit und Beständigkeit. Der Urfall von *Brüderlichkeit* in unserem Kulturraum sind bekanntlich Kain und Abel. Die feministische Kritik hat zu Recht beanstandet, dass die *Brüderlichkeit* das weibliche Geschlecht ausschließe, doch *Schwesterlichkeit* und selbst *Geschwisterlichkeit* wären um keinen Deut besser – verwandtschaftliche Zu- und Abneigungen bilden den politischen Raum nicht adäquat ab. Dort heißen sie sonst Nepotismus.

*Freiheit*: ein durchaus relatives Gut, das sich irreführenderweise als absolutes ausgibt. *Freiheit* kann es immer nur von etwas Bestimmtem geben, nicht an sich. Nur der Gefangene kann mit dem Versprechen »Morgen bist du frei«

etwas anfangen. Heute *frei zu haben*, ist ein durchaus wünschbarer Zustand. Heute *frei zu sein* – frei an sich, egal wovon und wozu – ist ein Alptraum, dem niemand gewachsen wäre. Wo es keine Grenzen gibt, verliert der Begriff *Freiheit* jeden Sinn.

Die größte Verwirrung hat →*Gleichheit* angerichtet. Bei präziserer Wortwahl wäre sie womöglich vermeidbar gewesen. Der Begriff entstammt der Allgemeinen Erklärung der Menschenrechte vom 26. August 1789, einem hochherzigen, bahnbrechenden und immer noch aktuellen Dokument. Artikel 1 lautet: »Die Menschen werden frei und gleich an Rechten geboren und bleiben es. Gesellschaftliche Unterschiede sind nur aus dem Allgemeinwohl zu rechtfertigen.« Das war so genau, wie man irgend wünschen konnte: *Gleichheit* als Gleichheit aller Menschen vor dem Gesetz, im historischen Fall die rechtliche Gleichstellung der drei Stände (Geistlichkeit, Adel, Bürgertum). In der Folge jedoch weckte der dafür viel zu allgemeine Begriff allerlei abwegige Hoffnungen. Welche *Gleichheit* konnte und sollte der Staat seinen Bürgern versprechen? Die Gleichheit an Besitz? Die Gleichheit der »Lebensqualität«? Die Gleichheit an sozialer Anerkennung? Die Gleichheit der Lebensinteressen? Die Gleichheit der Lebensdauer? Die Gleichheit an Gesundheit? An Bildung? An Geistesgaben? Die Gleichheit an Glück und guter Laune? Wie konnte irgendjemand hoffen, eine einzige erfolgreich durchgesetzte Gleichheit, etwa die an Besitz oder an »Verfügungsgewalt über die Produktionsmittel«, würde die verbleibenden Ungleichheiten unerheblich machen? Und gesetzt, der Staat könnte in einiger Hinsicht tatsächlich Egalität erzwingen – wäre eine solche Ameisensozietät der

Klone nicht ein noch größerer Alptraum als die alltägliche Ungleichheit? Er könnte es natürlich niemals, oder höchstens als eine Angleichung auf unterstem Niveau, verbunden mit einer extremen Ungleichbehandlung zur Unterdrückung aller Abweichungen nach oben.

In den Debatten um die Egalisierung der Gesellschaft siegte schließlich ein relativ harmloser Begriff, der der *Chancengleichheit*. Er war zwar ein fauler Kompromiss, denn den von vornherein und ihr Leben lang Ungleichen kann kein Staat wirkliche Gleichheit der Chancen verheißen. Aber immerhin ließ er die gute Intention erkennen, zwischen der faktischen Ungleichheit und dem trügerischen Gleichheitsideal vermitteln zu wollen – er gab zu, dass da ein Widerspruch bestehen könnte.

### persönlichst

In der anonymen Massengesellschaft stehen die Leute zwar in mehr Beziehungen zueinander, als ihnen lieb ist, aber meist sind es unpersönliche und damit ziemlich trostlose Beziehungen. Um dem ein wenig abzuhelfen, sind viele Firmen und Organisationen in den letzten zwanzig Jahren zur sprachlichen Simulation von Persönlichkeit, ja Herzlichkeit übergegangen, nach dem alten Conférenciermotto »Für Sie, für Sie und ganz besonders für SIE!«.

Schon dieses anonyme *Sie!*: »Wir freuen uns auf Ihren Besuch« – »Wir freuen uns auf Sie« – »Wir sind immer für Sie da« – »Wir haben für Sie geöffnet«. (Man wird sie doch nicht etwa enttäuschen wollen, wo sie extra für mich das Ladengitter hochgeschoben haben und sich schon so freuen.) »Es hat uns Spaß gemacht, heute für Sie da zu sein«, verkündet die Flugbegleiterin vom Dienst mit gefälliger Routine, allerdings wenig glaubhaft, denn speziell für mich war sie ganz bestimmt nicht da, und keinem normalen Menschen macht es Spaß, an zweihundert Passagiere pappige Brötchen zu verteilen. Die Autofirma bietet mir und hunderttausend anderen ehemaligen Kunden brieflich für meinen Gebrauchtwagen den Marktpreis und nennt dies umwerfende Angebot »TreueCard. Nur für Sie!« – »Denn das Crowne Plaza Hotel Hamburg ist ein besonderes Hotel. Für Sie, für Sie und ganz besonders für Sie.«

Das Plakat für ein Wellnessangebot scheint mich zu kennen und mahnt besorgt: »Nehmen Sie doch mal Kurs auf Ihre Gesundheit«. Für ein Haargel wirbt die Firma L'Oréal mit dem Argument »Weil Sie es sich wert sind«. »Ihr gutes Recht!«, raunen Rechtsschutzversicherungen, die mit mir ins Geschäft kommen wollen, und animieren mich so zum Prozessieren. Die Internetbuchhandlung Amazon überrascht mich schon morgens um sieben mit der Nachricht »Dieter, das gibt es heute Neu für Sie: [Folgen ein paar Buchtitel, die jedenfalls nicht für mich kreiert wurden und mich auch nicht interessieren. Dann:] Sind Sie nicht Dieter E. Zimmer, klicken Sie bitte hier« – als wären ihr plötzlich Zweifel an ihrer eigenen erkünstelten Vertrauensseligkeit und der Verdacht gekommen, die ganze Herzlichkeit sei dem Falschen zuteil geworden. »merci, dass es Dich gibt«, seufzt die Praline liebevoll, meint damit aber vielleicht sich selbst.

Der Herzton in dieser Persönlichkeitsorgie kommt nicht von ungefähr. Er ist ein plumpes Mittel, das Offensichtliche zu kaschieren: dass die persönlich tuenden Sprüche alles andere als herzlich sind, nur anonyme Anbiederungsversuche meist mit dem Ziel, mir in die Tasche zu greifen.

Der Stand der Drucktechnik erlaubt die »personalisierte« Reklame. Es werden einem aufwändige Broschüren zugeschickt, in die der eigene Name eingedruckt ist, so als wären sie nur für einen selbst hergestellt worden. Natürlich ist alles nur Simulation, die Auflage wurde anhand einer Kunden- oder Mitgliederdatenbank vollautomatisch fabriziert und versandt. Wenn sich die Mehrkosten dieser Personalisierung rechnen, dann weil der Trick Wirkung zeigt: Die Leute sind wohl ob so viel persönlicher Aufmerksamkeit so gerührt, dass sie die Kreditkarte bereitwilliger zücken.

Unter all den persönlichen Ansprachen den Vogel ab schoss das Plakat mit der Aufschrift »Wir müssen miteinander reden. – *Gott*«. Leistete man dieser dringenden persönlichen Einladung Folge und meldete sich bei dem darauf vermerkten Website, so bekam man einen Werbespot vorgeführt, in dem eine Silhouette (vermutlich »Gott«) dabei war, auf altertümliche Weise – mit Stahlfeder und Tintenfass – einen Brief zu schreiben, und zwar an mich, an mich und ganz besonders an MICH: »Es schmerzt mich so sehr zu sehen, dass du in dein Unglück rennst. Du bist so wertvoll für mich. Ich möchte das Beste für dich. Ich warte auf dich.«

Genau so hat man sich den Himmel denn doch nicht vorstellen mögen: Ein virtueller Gott schreibt an alle den gleichen anonymen, von widerlicher Herzlichkeit triefenden Rundbrief.

## Phishing

In einem fort wird der Internet-Nutzer mit E-Mails traktiert und kujoniert wie dieser, die sich mit dem Logo einer international operierenden Großbank schmückte: »Der technische Dienst der Bank fuhrt die planmassige Aktualisierung der Software durch Fur die Aktualisierung der Kundendatenbank ist es notig, Ihre Bankdaten erneut zu bestatigen. Dafuer mussen Sie unseren Link (unten) besuchen, wo Ihnen eine spezielle Form zum Ausfullen geboten wird. Diese Anweisung wird an allen Bankkunden gesandt und ist zum Erfullen erforderlich.« Und auf der nächsten Seite, auf die man im übrigen erst nach Liquidierung des mitgeschickten Virus gelangt: »Tasten Sie in das gegebene Feld 10 ungenutzte TAN ein (falls es sie weniger ubrigblieb, so setzen Sie die bleibenden ein).« Oder die gleiche Tour unter dem Logo einer anderen Bank: »Von den technischen Diensten der Bank ist die Erneuerung der Software vom on-line System für den Zugang der Kunden zum Bankdienstleistungen vorgenommen worden. Wir bitten Sie inständig Link nach unten zu verfolgen, für den Start der Bestätigung der Ausnutzung der Benutzerinformation. Wenn Sie Link eintippen, so müssen Sie den Anweisungen folgen, der auf der Seite der Bestätigung von den Benutzerangaben angeführt sind. Die vorliegende Vorschrift ist an alle Bankkunden abgeschickt worden und das ist eine Pflichterfüllung.«

Phishing heißt die Methode, per E-Mail sensible Kontodaten abzugreifen. Ich kann mir nicht vorstellen, dass sie noch oft von Erfolg gekrönt ist – der faule Trick hat sich ja wohl herumgesprochen, und es dürften nur noch Nachzügler am Werk sein. Aber hat er je funktioniert, wenn die Phishing-Mail in derartig miserablem Deutsch gehalten war? Wenn sich ihr nicht einmal entnehmen ließ, welche Handreichungen genau die Gauner von einem erwarteten? Und konnten sie je damit rechnen, jemand würde der eigenen Bank ein solches unbeholfenes Kauderwelsch zutrauen? Oder gibt es Leute, Bankkunden unter ihnen, die den Unterschied zwischen richtigem und falschem Deutsch gar nicht bemerken? Ich fürchte, die Antwort lautet Ja.

Jedenfalls machen sich Sprachkenntnisse bezahlt, für die Betrüger ebenso wie für ihre potenziellen Opfer.

## Phrasen

Sicher inhaltlich wie sprachlich tadellos, sicher gut gemeint, vielleicht sogar unvermeidlich – aber warum klingt dergleichen so leblos, so sterbenslangweilig? »Während der Gemeinwesenbeauftragte durch Aktivierung und Unterstützung der Bürger und Bewohnergruppen sowie durch Organisation des Träger- und Akteursnetzwerks im Stadtteil den ›Bottomup‹-Ansatz realisiert, bringt der Planungsbeauftragte Planungs- und Entwicklungsvorstellungen der Kommune und der Wohnungswirtschaft ›Top down‹ ein. Nur dieses Tandem kann die unterschiedlichen Interessen kooperativ integrieren. Die Grundelemente dieses Modells sind auf die örtlich vorzufindenden Gegebenheiten zu übertragen. Vor Ort müssen die gewachsenen Strukturen, politische Konstellationen, beteiligte Akteure, langjährige Traditionen und viel mehr Berücksichtigung finden.«

Die Leblosigkeit solcher Sätze liegt einmal an der blassen Abstraktheit der Begriffe, hinter denen keinerlei konkrete Realität sichtbar wird (was sie ja auch nicht soll). Es liegt zum andern am syntaktischen Ungleichgewicht eines erbarmungslosen Nominalstils: Fünf schwächliche Verben müssen hier fünfundzwanzig schwergewichtige Substantive tragen (→*Bestellung des Sekretärs des Rates*).

Drittens liegt es aber auch an der Phrasenhaltigkeit der Verwaltungs- und Politiksprache, sozusagen der Sprache der öffentlichen Hand und mit ihr die der Medien. Keine Politikerrede, keine Pressemitteilung, kein Konzeptpapier, keine Gremiendiskussion, die ohne sie auskämen, und entsprechend häufig kommen sie in der Presse und den anderen Medien vor:

*abholen* (»Wir werden das Land mit seinen Problemen abholen, sagte der Arbeitsminister« – »Wir brauchen große Basketballhallen wie in Leipzig, weil da Millionen von Menschen sind, die wir abholen müssen«)

*Akteure* (»Das Kompetenznetz umfasst Akteure aus der Mitte und dem Süden Deutschlands. Hier haben sich bereits mehr als 60 Akteure aus Unternehmen, Universitäten, Forschungsinstitutionen, Banken, Kommunen und regionalen Einrichtungen zusammengeschlossen, um die Entwicklung aktiv mitzugestalten« – »Ein Großteil der personalen Akteure sind süddeutscher Herkunft«)

*Alternative* (»Der Hallenbad-Neubau in Koblenz ist ohne Alternative« – »Zu Jesus Christus gebe es keine Alternative, stellte Kardinal Meisner fest«)

*angedacht* (»Ganz Europa ist erfasst, ja sogar England, Russland wird schon angedacht und auch Indien« – »Die Weichen sind schon mal richtig angedacht worden«)

*angefasst* (»Ich bin immer noch stark angefasst«)

*angeschlagen* (»Josef Ackermann mag lamentieren und das Unschuldslamm spielen, er ist schwer angeschlagen« – »Die Aktivität des Enzyms ist schwer angeschlagen« – »Die Mobilfunk-Branche ist schwer angeschlagen«)

*aufgestellt* (»Programmatisch ist die CDU nicht besser aufgestellt als die SPD« – »Wir fühlen uns mit unseren Produkten hervorragend aufgestellt«)

*Augenhöhe* (»Die zentrale Datenschutzstelle sorgt für einen Datenschutz auf Augenhöhe« – »Baudrillard bekannte, seine Kritiker begegneten ihm mit ihren Langweilerdiskursen nicht auf Augenhöhe« – »Cleverness entscheidet Spitzenspiel auf Augenhöhe«)

*ausgehen* (»Ich gehe nicht davon aus, dass man beim Flugbenzin weiter kommt«)

*bedeckt* (»Merkel hält sich weiterhin bedeckt« – »Infineon hält sich zur Abspaltung der Speichersparte bedeckt«)

*Befindlichkeiten* (»Es geht um Trends und Befindlichkeiten innerhalb der Szene, aber auch um die Verfasstheit unserer Gesellschaft insgesamt«)

*belastbar* (»Aus vagen Absichten muss ein belastbarer Text werden« – »Der Abfallwirtschaftsplan ist nicht belastbar« – »Du musst deinen Kindern belastbare Beziehungen anbieten« – »Bisher gibt es keine belastbaren Hinweise, dass die Geiselnehmer Gangster waren«)

*Chance* (»Energisch, doch angesichts des verheerenden Textes ohne jede Chance kämpfte Iris Radisch für ihre Kandidatin« – »Sie haben keine Chance, also nutzen Sie sie« – »Keine Chance auf [!] Einfachjobs« – »Gänzlich ohne Chance ist auch der Fußpilz, wenn er sich nicht der permanenten Feuchtigkeit eines eingesperrten Schweißfußes erfreuen kann«)

*Druck* (»Der Milchpreis steht unter Druck« – »Die Pokalverlierer stehen unter Druck« – »Die Polizei steht nach der Hooligan-Razzia unter Druck«)

*durchwinken* (»Der Haushalt wurde durchgewunken«)

*Ecken und Kanten* (»Schönbohm bleibt trotz seiner Ecken und Kanten ein Zugpferd«)

*einfordern* (»Es liegt an uns allen, diese Maßstäbe immer wieder neu und mit Nachdruck einzufordern«)

*Gemengelage* (»Anleger scheinen diese Gemengelage in den vergangenen Wochen geahnt zu haben, bewegte sich der Kurs der Aktie nach einem monatelangen Höhenflug zuletzt doch seitwärts«)

*Geschichte schreiben* (»›Es sind unbeschreibliche Emotionen, wir haben Geschichte geschrieben‹, freute sich Eishockeytrainer Jim Boni«)

*geschuldet sein* (»Dort wohnt der höchste Anteil der Potsdamer Arbeitslosen und Sozialhilfeempfänger, dies ist der städtischen Vermietungspolitik geschuldet«)

*Handlungsbedarf* (»Die Bundesregierung sieht keinen Handlungsbedarf bei Elektrosmog«)

*Hausaufgaben* (»Der Hauptverband der Sozialversicherungsträger hat seine Hausaufgaben nicht gemacht« – »Die EU hat vor der nächsten Erweiterung noch viele Hausaufgaben zu bewältigen«)

*Kritik* (»Die Krebsfrüherkennung steht in der Kritik« – »Der jüngste Erinnerungsboom steht in der Kritik«)

*Lebensqualität* (»Jede der 300 000 Tonnen Kalkstein, die jetzt mehr befördert werden, ist auch eine Tonne mehr Lebensqualität«)

*das ist mit mir nicht zu machen* (»Mit diesem Programm legt man die Axt an die soziale Dimension der Marktwirtschaft in Deutschland. Liebe Kolleginnen und Kollegen! Das ist mit mir nicht zu machen, und ich hoffe, das ist mit euch nicht zu machen«)

*vor Ort* (»Wir berichten von vor Ort«)

*Personalkarussell* (»Das Personalkarussell blockiert zukunftsfähige Verkehrs- und Wohnungsbaupolitik«)

*in der Pflicht stehen* (»Der Bund steht in der Pflicht, die
Hauptstadt aus der Schlinge des föderalen Neides zu
befreien«)

*ein Problem haben* (»Die Franzosen haben kein Problem
mit der ›Chancelière‹ Merkel« – »Meine Eiche hat ein
Problem«)

*Prüfstand* (»Das Bundeskleingartengesetz gehört auf den
Prüfstand«)

*neue Qualität* (»Eine neue Qualität der Arbeit wird ua
dadurch erreicht, dass die Arbeit noch besser an die
Fähigkeiten und Bedürfnisse der Menschen angepasst
wird« – »Die massenmediale Berichterstattung über
Gewalt an Schulen prognostiziert eine neue Qualität
der Gewalt«)

*in der Sache* (»In der Sache [Ton nicht auf ›der‹, sondern
auf ›Sache‹] haben wir keinen grundlegenden Dis-
sens«)

*ich schließe aus* (»Ich schließe aus, dass der Gemeinderat
einer Teilaufhebung zustimmt«)

*Schritt in die richtige Richtung* (»Die geplante Ausdehnung
des Entsendegesetzes auf alle Branchen ist ein halber
Schritt in die richtige Richtung«)

*schultern* (»23,3 Milliarden schulterten die öffentlichen
Haushalte«)

*sensibilisieren* (»Polizei und Zoll sind nach Angaben ihrer
Sprecher sensibilisiert« – »Das Rechenzentrum der
Universität Karlsruhe sensibilisiert die Hochschulen
für ein barrierefreies Internet«)

*sichern* (»Wir werden auch in Zukunft nur in Deutschland produzieren und unsere 1200 Arbeitsplätze sichern« – »650 Euro vom Staat sichern«)

*Signalwirkung* (»Gleichzeitig wird der Wunsch spürbar, in diesem Klima der absoluten Intoleranz ein Zeichen zu setzen, welches eine Signalwirkung über die Branche hinaus haben könnte«)

*Standort* (»Der Umbau des Standorts Deutschland muss unvermindert weitergehen«)

*Stück weit* (»Deutschland hatte aufgrund seiner besonderen historischen Verantwortung eine ein Stück weit besondere Rolle«)

*trockene Tücher* (»Naturschutzgroßprojekt Spreewald bald in trockenen Tüchern« – »Grundschule in Dresden-Friedrichstadt in trockenen Tüchern« – »Wasserunion nicht in trockenen Tüchern«)

*umgehen* (»Aber am schlimmsten ist es, damit umzugehen, dass in mir eine innere Zeitbombe tickt, die ich selbst nicht beeinflussen kann«)

*Verantwortung übernehmen* (»Es geht darum, dass endlich ein Ruck durch unsere Gesellschaft geht und wir bereit sind, Verantwortung zu übernehmen«)

*Verfasstheit* (»Es reicht nicht aus, nur die physisch-ökonomischen Bedürfnisse, die sozial-emotionalen Befindlichkeiten und die psychologische Verfasstheit der Mitarbeiter zu berücksichtigen«)

*verhärtete Fronten* (»Im Streit um die Honorare für kieferorthopädische Behandlungen haben sich die Fronten weiter verhärtet« – »verhärtete Fronten im Kampfhundestreit«)

*vermitteln* (»Die Mehrwertsteuererhöhung lässt sich den Wählern nicht vermitteln«)

**160**

*Vorfeld* (»»Die Mannschaft steht in der Pflicht‹, sagte Rudi
   Völler im Vorfeld der Partie« – »Im Vorfeld wurden
   stärkere Gewinnrückgänge erwartet« – »Um die realen Lasten zu ermitteln, wird das Flugzeug im Vorfeld
   mit Sensoren bestückt«)
*Zeichen setzen* (»Der Katholikentag bietet die Chance,
   bundesweit Zeichen zu setzen und Impulse zu geben« –
   »Von der Politik müssten mehr Zeichen gesetzt werden, fordert Donata Elschenbroich« – »Wir erwarten
   von den Nationalspielern, dass sie selbstverantwortlich
   Zeichen setzen« – »Jesus hat viele Zeichen gesetzt«)
*zugehen* (»Es ist ein fatales Signal, dass Bund und Länder
   nicht bereit sind, Opfer zu bringen und aufeinander
   zuzugehen«)
*zielführend* (»Nicht jede Runde war zielführend« – »Daher halten wir die Vorgehensweise zur Kostenschät-
   zung der Umsetzung der Wasserrahmenrichtlinie für
   nicht belastbar und nicht zielführend«)
*Zukunftsfähigkeit* (»Zum vierten Mal findet die Woche
   der Zukunftsfähigkeit statt«)

Es fällt auf, dass die Stereotypie, der Phrasencharakter gar
nicht von irgendwelchen großen, vielleicht zu großen In-
haltsworten herrührt, von den aktuellen Kernbegriffen des
Politischen, sondern von allen möglichen kleinen Redensarten und Hilfswendungen, die sozusagen die semantische
Infrastruktur bereitstellen. Es gäbe viele Arten, zu sagen,
dass ein Ereignis *vor* dem anderen stattfindet – aber es muss
partout *im Vorfeld* sein, als wäre die ganze Welt ein Flugha-
fen. Nie ist jemand *an* einem Ort, immer *vor Ort*, als wäre
die ganze Welt der Stollen eines Bergwerks. Nur noch sel-

ten gerät ein öffentlich tätiger Mensch in *Bedrängnis* oder in *Not*, wird *angegriffen* oder *kritisiert* – unweigerlich steht er *in der Kritik* oder *unter Druck*, und wer *unter Druck* steht, hat entweder *keine Chance* oder *keine Alternative*.

Dieses stereotype Floskelrepertoire ist es, dieses ostentative Ausschlagen all der von der Sprache bereitgehaltenen geschmeidigen Ausdrucksmöglichkeiten, das den Verdacht weckt, es stünde ein ebenso stereotypes Denken dahinter: als redeten gar nicht Menschen, sondern Automaten. Als redete es aus ihnen. Als gäbe es ein Sprechen ohne Denken.

## Präpositionen

Eine jener unverständlichen Fehlermeldungen im Betriebssystem Windows lautet: »Der Fehler ist auf 13.06.2005 bei 22:46:49 aufgetreten.« *Auf*? *Bei*? Was soll das? Muss es nicht *am* und *um* heißen? Sicher hat kein Mensch diesen primitiven Fehler gemacht. Er wird das Produkt einer Übersetzungsmaschine sein, die Microsoft auf seinem Werksgelände aufgestellt hat. Sie übersetzt offenbar die englischen Präpositionen *on* und *at* ohne Rücksicht auf den Zusammenhang immer nur mit *auf* und *bei*.

Dennoch sind in deutschen Medien Präpositionsfehler die häufigsten überhaupt. Sie unterlaufen so häufig, dass man sich fragt, ob es nicht schiere Pedanterie ist, sie überhaupt zur Kenntnis zu nehmen. In ein paar Wochen aufs Geratewohl aus dem Äther gefischt: »… ruft die Länder *um* Unterstützung auf« – »Beweise *über* die Vernichtung biologischer Waffen« – »Schichtarbeit erhöht das Risiko *auf* Magenprobleme« – »Die Chance *auf* eine Wiederaufnahme der Verhandlungen«. – »Der Versuch *auf* ein Freischleppen soll nur *unter* kontrollierter Form stattfinden« – »*Bei* der Verleihung ist Herbert Grönemeyer als erster Preisträger hervorgegangen« – »Schmerzbekämpfung *von* Kindern« – »…um bei den Erziehungsberechtigten die Gewalt *von* Kindern zu bekämpfen« – »Vorräte *für* Öl und Benzin« – »Pasolini war verhasst *von* den Rechten« – »Ein Ausweg *von* den Folgen einer überalterten Gesellschaft« – »Englisch hat momentan einen großen Einfluss *in* die deutsche Sprache« – »Der Osten Russlands wird versorgt *von* chinesischen Waren« – »… die Handelsvertreter *unter* Augenschein nehmen« – »Ich habe gelernt, dieses Album *für* seine Kontinuität zu lieben« – »Sind *über* jeden Hinweis dankbar« – »*Dafür* war ich immer sehr interessiert« – »Das war eine gute Runde, *über* die ich sehr zufrieden bin« (Michael Schumacher).

Und ist es nicht gleichgültig? Welches höhere Gesetz bestimmt, dass man zwar *an* etwas interessiert ist, aber *für* etwas Interesse hat? Dass man nur *für* etwas dankbar sein kann, nicht aber *über*? Es ist allein der überwiegende Sprachgebrauch, der maßgebend ist für die Wahl der Präposition, und wenn eine ausreichende Zahl von Leuten lieber *über* sagt, ist eben das der neue Sprachgebrauch.

Meist ändert oder verunklärt die falsche Präposition die Bedeutung nicht. Trotzdem lässt sich den Präpositionsfehlern keine generelle Unbedenklichkeitsbescheinigung ausstellen. Manchmal nämlich verkehrt der Fehler eine Aussage geradezu in ihr Gegenteil, siehe die »Gewalt von Kindern«. Wahrscheinlich war »Gewalt an Kindern« gemeint – aber dessen sicher kann niemand sein. *Für* etwas dankbar sein ist systematisch richtiger – man dankt schließlich *für* etwas und nicht *über*. *Zufrieden über* statt *mit* hat keinen solchen systematischen Grund gegen sich – trotzdem merkt man, dass es nur ein Versprecher ist. Der Mann hatte anscheinend erst vor, etwas anderes zu sagen, nämlich »Das war eine gute Runde, über die ich mich sehr freue«.

Solche Interferenzen sind der häufigste Grund für Präpositionsfehler: Es drängt sich eine Präposition herein, die in eine sinnverwandte Redensart gehört. Bei der Montage des Satzes hat das Gehirn beide Wendungen erwogen und die eine verworfen, aber versehentlich die Präposition der anderen beibehalten.

In der mündlichen Rede nehmen wir Präpositionsfehler, wie andere Fehler auch, willig und ohne Befremden hin. Wir bemerken sie oft nicht einmal, zeigen sie doch höchstens, dass jemandem auch noch andere Formulierungen seiner Gedanken auf der Zunge lagen als die, die er dann ausgesprochen hat. In der Schriftsprache dagegen machen sie uns misstrauisch, und das zu Recht. Hier zeigen sie an, dass jemand schneller geschrieben als mitgedacht hat.

## Regierungserklärung

»Es gibt enormen *Handlungsbedarf. Nach den Wahlen ist vor den Wahlen.* Wir haben *große Herausforderungen zu schultern. Im Vorfeld* wird das *Personalkarussell* rotieren. Dann wird die neue Regierung *ihre Hausaufgaben* machen. Sie will vor allem *Impulse geben* und *Zeichen setzen,* die *Signalwirkung* haben. Der Staatsbürger wird *in die Pflicht genommen.* Wir werden die *Verstetigung des Dialogs* vorantreiben. Wir werden den *Schulterschluss* mit den *personalen Akteuren* suchen und eine Politik *aus einem Guss, auf Augenhöhe* und *zum Anfassen* machen. Wir werden den Menschen *in den Mittelpunkt stellen* und *bei sich selbst abholen. Wir gehen davon aus,* dass alle *Akteure aufeinander zugehen* und *Verantwortung übernehmen.* Wir werden alles *auf den Prüfstand* stellen. *Es gilt*, das Land *offensiv nach vorn zu bringen*. Wir werden einen *Schritt in die richtige Richtung* gehen. Wir werden *eine Vielzahl von Aktionen* starten. Wir werden *Eigeninitiative, Eigenverantwortung* und *Eigendynamik fordern und fördern*. Wir werden *zukunftsfähige Strukturen* schaffen, ohne *Bewährtes* preiszugeben. Wir werden uns auf *belastbare Daten* stützen. Wir werden größere sozialpolitische *Verantwortlichkeiten schaffen*. Wir *stehen in der Pflicht, bürokratische Verkrustungen ein Stück weit aufzubrechen*. Wir werden *effiziente und transparente Prozesse* anstoßen. Wir werden dafür *Sorge tragen*, dass *innovative Projekte angedacht* werden. Wir werden *Kompetenzcluster* bilden, die zu *Synergien* führen. Wir werden *flexible projektbasierte Mechanismen* in Gang setzen. Wir werden *Netzwerke* für *Lebensqualität* schaffen. Wir werden *Exzellenzinitiativen* zur *Sicherung des Standorts implementieren*. Wir werden dafür sorgen, dass das Land *hervorragend aufgestellt* bleibt. Wir *schließen ein Zurück aus*. Das ist *mit uns nicht zu machen*. Wir brauchen *Reformen*, die *sich rechnen*. Dazu gibt es *keine Alternative*. Das werden wir auch →*hinkriegen*.«

Es gibt heute ein einschlägiges Vokabular, für jede Partei, für jeden erdenklichen Zweck das Gleiche, scheinbar zupackend und ganz auf der Höhe der Zeit, um wichtigtuerische Texte daraus zu bauen, deren konkreter Inhalt gegen null tendiert. Seine ganze leere Dynamik drückt aus, dass alles wahrscheinlich bleiben wird, wie es war.

### sanktionieren

Eins der unpraktischsten Wörter ist *sanktionieren*, und das darum, weil es genau Gegenteiliges bedeutet. Abgeleitet ist es von französisch *sanction* ›Inkraftsetzen eines Gesetzes‹ (das seinerseits auf das lateinische Verb *sancire* ›heiligen‹ zurückging), und das ist auch eine der Bedeutungen der deutschen *Sanktion*, die, aus der sich die allgemeine entwickelt hat, ›Billigung‹. *Sanktionieren* heißt darum eigentlich ›billigen‹, und die meisten Lexika verzeichnen es nur in diesem Sinn. Aber schon aus dem Französischen bringt das Wort einen Doppelsinn mit, der sich wohl auf dem Umweg über das völkerrechtliche *Sanktionen verhängen* (nämlich ›Beschlüsse durchsetzen‹) leider auch in seinen deutschen Gebrauch eingeschlichen hat: ›bestrafen‹, also gerade nicht billigen.

Wer ›billigen‹ meint, kann sich auf das Wort verlassen: »Dass dieser Mord auch von vielen auswärtigen Gutachten sanktioniert wurde, macht die Sache nur noch schlimmer.« Wer ›bestrafen‹ meint, muss dagegen Missverständnisse gewärtigen; höchstens der Zusammenhang schafft Klarheit. »Washington sanktioniert ausgewählte europäische Schmankerl mit Importzöllen« – aha, die Forderung von Zöllen wird ja wohl keine Billigung darstellen. Oft aber rät der Leser vergebens. »Die Teilung des Kosovo wäre eine Sanktionierung der ethnischen Säuberungen«? »Die Entscheidungen der europäischen Kommission können von keiner Macht sanktioniert werden«? »… die nachträgliche Sanktionierung des Krieges«? Handelt es sich um die Billigung? Oder um Strafmaßnahmen?

Ein unpraktisches Wort. Man wünschte sich geradezu ein Normenamt, die ihm mit einem Machtspruch zur Eindeutigkeit verhülfe.

### schon mal

Für Ausländer sind sie mit das Schwierigste an der deutschen Sprache, schwerer zu meistern als das Rachen-*ch*: die vielen unscheinbaren Füllwörter, auch Fokuspartikeln genannt, Wörtchen, viele von ihnen grammatisch Adverbien, wie *allemal, allerdings, beinahe, doch, eher, eigentlich, etwa, fast, freilich, gar, gewissermaßen, gleichsam, halt, immerhin, irgendwie, ja, klar, mal, nämlich, praktisch, schon, schon mal, sicherlich, so, sowieso, sozusagen, vielleicht, wohl.* Sie lassen sich nicht wie andere Vokabeln lernen, indem man ihre Bedeutung nachschlägt und diese auf konkrete Sätze anzuwenden versucht. Man lernt sie nur durch den Vergleich von Aussagen, in denen sie vorkommen, als eine Art semantische Quersumme, und bis man auch nur zu ahnen beginnt, auf welche Weise jedes von ihnen eine Aussage modifiziert, muss man sie sehr oft gehört haben.

Trotz ihrer Unscheinbarkeit sind sie charakteristisch für das Deutsche. Eine Übersetzung, in der sie fehlen, weil die Originalsprache keine Gegenstücke für sie hat, mag noch so richtig sein, sie wirkt einfach nicht deutsch. Zu zahlreich dürfen sie andererseits auch nicht eingestreut werden, das klänge ebenfalls falsch, nämlich gewollt, nicht natürlich.

Ihre Schwierigkeit besteht in ihrer Substanzlosigkeit: Sie haben überhaupt keine eigenständige, robuste Bedeutung oder nur eine hauchdünne und vielleicht sogar irreführende. Ihre Bedeutung ist vielmehr relativ und entfaltet sich erst im Zusammenhang eines Satzes. Sie tragen seine Bedeutung nicht, sie modulieren sie nur, aber sie tun das so subtil wie effektiv. Jedes enthält implizit logische Urteile über seine Aussage. *Du kommst – Du kommst doch – Du kommst wohl auch – Du kommst ja mal – Dann kommst du halt – Du kommst nämlich gar nicht – Immerhin kommst du ja – Praktisch kommst du also – Allerdings kommst du ja wohl eher doch nicht …*

Obwohl der Fachmann eine Menge Scharfsinn brauchte, um die Bedeutung jedes Füllworts in einem solchen

Satz herauszuarbeiten – der Berliner Sprachwissenschaftler Manfred Bierwisch hat es einmal eindrucksvoll vorgemacht[17] –, verwendet sie jedermann von klein auf mit schlafwandlerischer Sicherheit. »Das tut mir nämlich eigentlich irgendwie auch noch nicht mal richtig leid.«

Eins der ungreifbarsten ist das erst in den achtziger Jahren in der Presse aufgekommene *schon mal.* »Der Intendant reist schon mal im Tross des Kanzlers nach China« – »Das Eichhörnchen wird schon mal von steigenden Temperaturen geweckt« – »Garantieleistungen wurden schon mal auf Bierdeckeln zugesichert« – »Die Krankenhäuser üben schon mal den Schulterschluss«. Was will es sagen? Sofern keins der beiden Wörter durch die Betonung hervorgehoben wird, bedeutet es jedenfalls nicht, was es zu bedeuten scheint: ›bereits einmal‹. Es bedeutet vielmehr etwa: ›Es kommt wie selbstverständlich, aber aus meiner Sicht in Wahrheit unerwarteter- oder gar empörenderweise vor, dass …‹ Eine Menge für zwei kleine tonlose Wörter, und einem Ausländer kaum zu vermitteln.

Unsere Füllwörter kleben an uns wie unser Akzent. Es kann nur ein Deutscher sein, der ein Kinderfoto von sich selbst mit der Legende *X practices already once in the garden* ins Netz stellt. So unbekümmert wäre kein Deutscher? Aber unbekümmert genug, sich beim Einrichten seiner Homepage auf eine Übersetzungsmaschine zu verlassen, die dann auch die Bildlegende *Such a three wheel had at that time Not each* beisteuert.

### schrott

Groß oder klein, das ist hier die Frage. *Der Film ist spitze* oder *Spitze? Die Band ist echt klasse* oder *Klasse? Die Zugver-*

*spätung ist scheiße* oder *Scheiße*? *Der Club ist kult* oder *Kult*? *Das Auto war schrott* oder *Schrott*? Die Unsicherheit ist entschuldbar, denn die Sache lässt sich ohne Willkür gar nicht entscheiden, und so sieht man denn auch laufend beides. Einerseits sind es alles Substantive, und als solche müssten sie groß geschrieben werden. Andererseits werden sie hier als Adjektive verwendet, wären also klein zu schreiben. Man fragt ja nicht: Was war der Film? Sondern: Wie war er?

In den obigen Sätzen werden diese Substantiv-Adjektiv-Hybriden prädikativ gebraucht, und dieser Fall ist noch der einfachere, denn die werden nicht flektiert, genau wie Adverbien. Aber Adjektive stellen eine stete Versuchung auch zu attributivem Gebrauch dar, und was macht man dann mit ihnen? *Ein spitzer Film* kommt ja wohl nicht in Frage, denn das ist nicht gemeint. Also *ein spitze Film? ein Spitze Film*? Also bleibt nur der Ausweg *ein Spitzenfilm*? Der *Duden* entscheidet sich auch nicht, rät aber bei attributivem Gebrauch dringend zur Kleinschreibung und schließt im übrigen die Flexion aus, also *ein klasse Wein*. Er kennt bisher aber nur *klasse* und *spitze*, die beide seit Jahrzehnten eingeführt sind. Wie würde er mit *Scheiße* verfahren? »Der Campingplatz war so was von *S/scheiße*?« Eines Tages wird er sich wohl nicht mehr drücken können und zumindest bei attributivem Gebrauch die Kleinschreibung wählen. Aber wird er dann auch *Die Panne ist mist* zulassen?

Der Fall zeigt, wie ungemütlich es für unsere Sprachintuition wird, wenn ein Wort die Wortklassengrenze überschreitet und auf der anderen Seite plötzlich nicht mehr in die Grammatik passt. Dann hilft es nichts, wir müssen uns bei jeder Verwendung einzeln entscheiden, und wir tun ihm damit so oder so Unrecht.

### selbsternannt

Das Attribut *selbsternannt* ist kein Kompliment an den Self-mademan. Es ist ein Schimpfwort, und zwar eins der tücki-schen, da der Beschimpfte dagegen wehrlos ist. Was es ihm an den Kopf wirft, ist eine Art Amtsanmaßung: dass er sich als etwas ausgibt, wozu er nur von anderen ernannt werden könnte. Manchmal trifft solche Schimpfe durchaus. Öfter trifft sie daneben.

Ein Sektenoberhaupt sei der »selbsternannte ›Sohn Got-tes‹«, hieß es: Nun gut, zum Sohn Gottes kann man sich nicht selbst ernennen, obwohl es da ein berühmtes Vorbild geben soll. Bei dem »selbsternannten Kalifen von Köln« ist man nicht sicher, wer eigentlich die Befugnis hätte, Kali-fen zu ernennen; vielleicht ernennen sie sich immer nur selbst? Die »selbsternannten Märtyrer«, der »selbsternannte arktische Superheld«: Es ist zwar nicht unerlaubt, aber im-merhin ein wenig unanständig, sich selber als Märtyrer oder Held zu bezeichnen, und wenn die Betreffenden das wirklich getan haben, verdienen sie Schimpfe – wegen ih-rer Eitelkeit, nicht wegen eines Formfehlers bei der Er-nennung.

»Selbsternannte ›Patrioten‹«, »die selbsternannten De-mokraten um Jelzin«, »der selbsternannte Fitness-Guru«, »selbsternannte internationale Experten für irakische Al-tertümer«: Solche Titel darf sich nun aber wirklich jeder selbst zulegen, und jeder darf sie ihm streitig machen – in-haltlich, nicht per Rüge der Bezeichnungsprozedur. Und wenn der ehemalige IG-Metall-Vorsitzende Klaus Zwickel jene Kritiker, die sein Verhalten in der Affäre um die »Ab-findungen« bei Mannesmann/Vodafone unanständig fan-den, »selbsternannte Moralisten« schimpft, so möchte man ihn fragen, welche Instanz seiner Meinung nach wohl befugt ist, Moralisten zu ernennen.

Gleichermaßen Nonsens ist es, jemanden, der sich wahrheitsgemäß selber als Sprachkritiker bezeichnet, höhnisch einen »selbsternannten Sprachkritiker« zu nennen – oder dürfte sich einer nur von der Kultusministerkonferenz zum Sprachkritiker schlagen lassen? Bei den »selbsternannten Machern von Rot-Grün« kam mir gar der Verdacht, dass sie sich nicht einmal selbst dazu ernannt haben. Vermutlich wollte der betreffende Autor nur zu verstehen geben, dass sie sich hüten sollten, je dergleichen zu tun.

## Service

Manche Wörter lügen. Ihr Daseinszweck ist die Täuschung. *Service*, englisch ausgesprochen, heißt eigentlich nichts anderes als *Dienst, Bedienung, Dienstleistung*. Wo aber eine Dienstleistung in *Service* umbenannt wird, wird dem Kunden diskret bedeutet: Lass alle Hoffnung fahren, hier bekommst du sie nicht. Der *Service* ist eine automatisierte *Dienstleistung*. Praktisch bedeutet *Service* in vielen Fällen gerade nicht *Bedienung*, sondern *Nichtbedienung*. *Service* findet immer dort statt, wo kein Mensch dir zuhört und auch nur einen Moment über deinen Wunsch nachdenkt.

Die Berliner S-Bahn erklärt ihren Fahrgästen, »mit Aufsichten« – will sagen, mit Personal auf den Bahnhöfen – habe sie »im Wettbewerb keine Chance« mehr (als konkurrierten Bahnen mit und ohne Aufsichten miteinander). Darum arbeite sie »an einem intelligenten Konzept«, um die Bahnhöfe künftig mit »Sicherheits- und *Service*kräften auszustatten«. Leicht überliest man, worauf das hinausläuft: dass eben keine Aufsichtsperson mehr auf den Bahnhöfen anwesend sein wird, um einem irgendeinen Dienst zu erweisen. Stattdessen soll man im Bedarfsfall dann bei einer *Service-* oder einer Sicherheitskraft anrufen.

Die Gesellschaft, die sich gerne als *Dienstleistungsgesellschaft* titulieren lässt, ist eine, in der Dienstleistungen immer rarer werden, weil sie diese schlechterdings schon lange nicht mehr bezahlen will und kann. Ersetzt werden sie durch ein billiges Dienstleistungssurrogat namens *Service.*

Inbegriff und sozialer Brennpunkt dieser *Service*-Gesellschaft ist das Call-Center. Wer jede Hoffnung aufgegeben hat, in dem unübersehbaren weltweit operierenden Konzern oder Internet-*Service*-Provider, dessen Produkt er gerade erworben hat, irgendjemanden zu finden, der ihm erklären könnte, warum es nicht so funktioniert wie im Handbuch beschrieben, der kommt nicht umhin, sich an die angegebene *Service*-Hotline zu wenden. Für einen Euro pro Minute muss er sich dort so lange eine mindere Abart von Musik ins Ohr dudeln lassen, bis er aus der Leitung geworfen wird. Oder er gerät ins Dickicht der Telefonie, tastet sich, immer auf seine eigenen Kosten, durch bis zum entsprechenden *Kompetenzteam*, das irgendwo in Irland oder Indien sitzt, verwickelt sich in ein Fachgespräch, in dem er von vornherein den Kürzeren zieht, lässt sich willig als DAU (Dümmster Anzunehmender User) einstufen und mit einem gnädigen Standardratschlag entlassen, der auf seinen Fall nicht zutrifft und ihm nicht weiterhilft. Da er weitere solche Telefonate scheut, macht er nunmehr Gebrauch von dem anderen, gebührenfreien *Service*-Angebot der Firma, deren immer zu seiner Verfügung stehendem kompetentem *Supportpersonal* eine E-Mail zu schicken. Auf diese bekommt er entweder nie eine Antwort, oder er erhält nach drei Wochen eine Mail, aus der hervorgeht, dass die kompetenten Mitarbeiter seine Mail nicht gelesen, sondern nur jenen vorgefertigten Textbaustein angeklickt haben, der auch schon der telefonischen Auskunft am Anfang zugrunde gelegen hatte. Ist er so verwegen, zurückzuschreiben, dass man seine Mail doch netterweise bitte erst lesen möge, ehe man ihn mit einem unpassenden Textbaustein abspeist, erhält er nach weiteren drei Wochen denselben Textbaustein noch einmal, unterschrieben von einer anderen Servicekraft, die am Ende ihre Hoffnung ausdrückt, ihm mit dieser Auskunft weitergeholfen zu haben. So kann er, wenn er hartnäckig ist, im Laufe einiger Monate ganze Serviceteams kennen lernen, geeint von dem Vorsatz, die eingehenden Mails auf keinen Fall zu lesen. Er versucht sogar, Verständnis für deren Dilemma aufzubringen: Kämen sie dazu, Textbausteine zu versenden, wenn sie sich bei jedem DAU auf dessen Frage einließen?

Andererseits, wer liest dann seine Antworten auf die zusätzlichen Mails, die er nach jedem neuen Versuch erhält? In ihnen steht immer dasselbe: »Zufrieden mit unserem Service? Unsere Mitarbeiter sind ständig bestrebt, ihre Service-Leistungen zu verbessern, und legen daher großen Wert auf Ihre Meinung. Sie helfen uns dabei, indem Sie unseren Service bewerten …« Wer liest das »Welchen Service?«, das er beim ersten Mal geantwortet hatte, das »Schlecht« beim zweiten Mal und das »Beschissen!« beim dritten?

Am Ende reift auch in dem Servicebedürftigsten die Einsicht, dass er in der Servicegesellschaft nur mit einer einzigen Servicekraft rechnen kann: sich selber.

## sich

»Es wird *sich* dann auf eine Bank gesetzt«, sagt jemand im Info-Radio. Ist die *Duden*-Grammatik zu streng? Sie findet, Reflexivpronomen und Subjekt müssten dasselbe Ding oder dieselbe Person nennen (*er hat sich versprochen*), lässt aber bei energischen Aufforderungen Ausnahmen zu: »Jetzt wird *sich* hingelegt!« Dass ein solcher Satz nicht ganz falsch klingt, liegt aber womöglich gar nicht an der Energie der Aufforderung, sondern an der Schwäche seines Subjekts. Das *es* bezeichnet hier nämlich gar kein Wesen oder Ding, mit dem das *sich* in Konflikt geraten kann, es bezeichnet gar nichts und ist nur eine grammatische Hilfskonstruktion. Energisch ist auch der Appell in »Wir fordern nachdrücklich, dass sich jetzt erst einmal die Fakten angeschaut werden«, wie ein Studentenvertreter im Deutschlandfunk sagte, aber *die Fakten* sind ein richtiges Satzsubjekt und können nur *angeschaut* werden, nicht *sich angeschaut*.

Wie lächerlich das unpassende *sich* ist, demonstriert ein Satz eines früheren Bundeswirtschaftsministers: »Das Problem wurde *vor sich her* geschoben.« Von einem Auto hätte er das nicht behauptet, aber Probleme lassen eben alles mit sich machen.

## so

Den Presseschauen der Rundfunkanstalten ist sozusagen von Natur aus eine gewisse Monotonie eigen. Sie rührt wohl daher, dass die Zeitungen zu jedem Thema überall auf der Welt mehr oder weniger das Gleiche zu meinen und dieses Gleiche auch gleich auszudrücken scheinen. Umso mehr Mühe gibt sich das Radio, die Sache ein wenig aufzulockern. Viel Gelegenheit dazu hat es freilich nicht, denn eine Presseschau besteht ihrem Wesen nach aus nichts als Zitaten. Allein in den Zwischenräumen kann der Sender seine Originalität walten lassen. Dort muss er sagen, woher das betreffende Zitat stammt: *Blablabla, schreibt die Zeitung Z.* Auf dieses *schreibt* konzentrieren sich darum alle Lockerungsbemühen.

Anscheinend besteht beim Rundfunk die Vorschrift, dass innerhalb eines Beitrags kein Inhaltswort zweimal vorkommen darf. An der Stelle des *schreibt* erscheint darum das ganze Wortfeld, wie aus dem *Wehrle-Eggers: analysiert, argumentiert, befindet, befürchtet, bemängelt, bemerkt, betont, bezweifelt, bilanziert, erinnert, erwartet, findet, fordert (ein), führt aus, gibt zu bedenken, glaubt, hält fest, hebt hervor, heißt es, kritisiert, lautet das Resümee, mahnt, meint, merkt an, moniert, notiert, prophezeit, rät, resümiert, sagt, schätzt, spottet, überlegt, unterstreicht, urteilt, vermerkt, vermutet, warnt.*

Ist das Wortfeld erschöpft, bleiben die anspruchslosen Varianten *Das war die Z, Das war ein Zitat aus der Z, lautet die These der Z.* Es bleibt natürlich immer auch das eine kurze Wörtchen, dass alle erdenklichen Verben gleichzeitig in sich enthält, das Lieblingswort der Medien schlechthin. Es lautet: *so. So Merkel. So Stoiber. So die Frankfurter Neue Presse.* Da aber auch das kahle *so* innerhalb einer Presseschau anscheinend nur einmal vorkommen darf und seine wahre Universalität gar nicht entfalten kann, erscheinen neben *so die Z* auch die Varianten *so weit die Z, so die Einsicht der Z, so die Schlussfolgerung der Z, so die Analyse der Z, so das Fazit der Z.*

Eine Presseschau muss sich der Neutralität befleißigen, und das mag den zuständigen Redakteuren manchmal schwer werden. Ab und zu distanzieren sie sich von den verlesenen Meinungen andeutungsweise, nämlich wenn sie

Verben wie *sinniert, spekuliert, gibt sich* (*sicher, skeptisch, zuversichtlich* und so weiter) wählt. »Blablabla, meint die *Financial Times* erkannt zu haben« – da hatte der zuständige Redakteur wohl etwas ganz anderes erkannt. Meist aber scheint es sich um bloßen Zufall zu handeln und eine Zeitung nur darum zu *spekulieren*, weil das Wort als nächstes an der Reihe war. Eine andere Distanzierung besorgt das Hilfsverb *will*: *will die Z erfahren haben*. Man hört heraus, dass die Presseschau es ihr nicht glaubt.

Zuweilen jedoch hat gerade ein Volontär Dienst und macht einen Anfängerfehler. »Blablabla, schob der *Münchner Merkur* allen Spekulationen einen Riegel vor«, »... ist die *Neue Ruhrzeitung* fassungslos«, »... zeigt sich die *Leipziger Volkszeitung* empört«, »gibt sich die *taz* ernüchtert«. Es ist ein Grammatikfehler. Die Satzstellung zeigt an, dass das Zitat die Rolle eines vorangestellten Akkusativ- oder Dativobjekts in dem seinetwegen invertierten Satz spielt: *Die Zeitung schreibt dies und das*, »*Dies und das*« *schreibt die Zeitung*. Invertierte Sätze wie *ist die Z fassungslos* haben indessen kein Objekt und können gar keines haben. Um die Inversion zu rechtfertigen, könnte nur ein Adverb wie zum Beispiel *heute* vorangehen. Das vorangehende Zitat selbst aber ist niemals ein Adverb.

Mit dem Grammatikohr gehört, sind Presseschauen manchmal recht interessant.

### Sonne sie lässt nicht nach

In ihm scheint sie, die normale Satzstellung, als ordinär und langweilig zu gelten, im deutschen Rundfunk. Da man ihm für seine Gebühren etwas bieten möchte, dem Hörer, hat man sich anscheinend irgendwann zu ihr entschlossen, der öffentlich-rechtlichen Veredelung. Wie gewinnt er durch diese Finesse doch an Melodie und Glanz, der Satz. Das Subjekt des Satzes wird seitdem doppelt angesagt, einmal als Nomen, einmal als Pronomen. Es gibt zwei Varianten. Nummer 1: erst das Nomen, dann das Pronomen. Nummer 2: erst das Pronomen, dann das Nomen. Die Ergebnisse dieser Richtlinie habe ich einige Male notiert, alle aus Deutschlandfunk und Info-Radio.

Variante 1: »Die Sensation sie ist perfekt« (*Habemus papam!*) – »Die Nato sie will weiter Richtung Osten wachsen« – »Der Ball er kam in seinen Fünfmeterraum« – »Angela Merkel sie reitet (auf einer Welle der Sympathie)« – »Rückenleiden sie gehören zu den häufigsten Erkrankungen« – »Ein Arbeitskampf er rückt näher« – »Die SPD sie sei dabei, ihr soziales Gewissen zu verraten« – »Der Kampf gegen die fliegenden Toiletten er hat erst begonnen« – »Die Fragen sie wollen nicht verstummen« – »Holzplatten sie krachten in den Bus« – »Die Sonne sie lässt nicht nach«.

Variante 2: »In diesem Jahr wäre er hundert geworden der wohl erfolgreichste Schriftsteller des zwanzigsten Jahrhunderts, Georges Simenon« – »Sie sind nicht zu übersehen die Silos der FGL« – »Vielen bereitet er ja Sorge der Kontinent Afrika« – »Sie sind der dickste Brocken im EU-Haushalt die Agrarsubventionen« – »Über fünfzig Tage dauert er schon an der Generalstreik in Venezuela« – »Auch in Potsdam blieben sie ihm nicht erspart die Pfiffe«.

Die Hörer sie bedanken sich für sie die Initiative.

### spannend

In der Vorgeschichte unserer Sprache – so etwa bis in die siebziger Jahre, als eine neue Epoche begann – waren *span-*

*nend* eigentlich nur Krimis und andere Bücher oder Filme, bei denen mit bestimmten Erzähltechniken bewusst *Spannung* erzeugt wurde: Man sollte jederzeit wissen wollen, wie die Sache weiterging. Um den gleichen Unterhaltungswert auch weniger Spannendem zuzuschustern, wurde dann aber *spannend* zu einem Synonym für *interessant* befördert. Was einmal nur *interessant* war, heute ist es *spannend*. Und da ein Wort seinen hyperbolischen Gebrauch nicht unbeschädigt übersteht, ist *spannend* heute oft nur noch ein verzagter Appell: Du wirst es zwar sterbenslangweilig finden, solltest dich dafür aber doch interessieren! (Heute wird statt *unbeschädigt* übrigens fast durchweg *unbeschadet* gesagt, ein Wort, das eigentlich nur noch als Präposition – mit Genitiv – existiert, da das Verb *beschaden* längst ausgestorben ist. Oder ist das der erste Schritt zu seiner Reaktivierung? Und beim zweiten darf man dann wieder »Sein Wagen wurde stark beschadet« sagen? *Spannende* Frage.)

Merkel habe »spannende Mechanismen in Gang gesetzt«, meint ein Kommentator. Das achtzehnte Jahrhundert sei »eine der spannendsten Epochen der neueren deutschen Geschichte« gewesen, erfahren wir – *spannend* natürlich nicht für seine Zeitgenossen, sondern für den Leser des betreffenden Artikels, hoffentlich. »Guten Abend«, wünscht die Moderatorin, »es wird spannend. Und hier sind unsere Themen. Zeitbombe für Rot-Grün, vom großen Wurf zum Rohrkrepierer, die Agenda 2010 …« – »Der Alex, Berlins spannendster Platz«, wirbt ein Stadtmagazin und setzt wohl darauf, dass die potenziellen Käufer sich verdutzt und neugierig fragen, was an einem Platz *spannend* sein kann, und dann noch an diesem, der immer noch nichts ist als ein zufälliger zugiger Freiraum zwischen ein paar hässlichen Gebäuden. »Verschiedene Musikerpersönlichkeiten« hätten »eine hochspannende Scheibe zeitgenössischer Soundlandschaften« aufgenommen – das muss man sich quasi im Ohr zergehen lassen, die in Scheiben geschnittenen Landschaften wie die Fusion von Spannung und Hochspannung, die Elektrifizierung der Spannung sozusagen. Der Blick hinter die Kulissen zeige, »ob ein Junge spannend ist«. Was ist ein *spannender Junge* – ein *Spanner*? Klärt sich gleich: einer, dem man mit einigem Interesse zusehen wird. »Es ist doch spannend, dass im Bereich der erneuerbaren Energien … rund 70000 neue Arbeitsplätze entstanden sind«, schreibt ein Bundesumweltminister den Bahnfahrern in ihr Magazin, die es im Augenblick aber leider spannender finden, ob sie den Anschluss schaffen werden. »Es gibt sehr wenige spannende Marken, die zu uns passen würden«, erklärt der Chef der Marke Jägermeister und leert ein Glas seines eigenen spannenden Getränks. Dass die Firmen beim E-Commerce zusammenarbeiten müssen, »solche und weitere spannende Thesen vertritt der ECC« – dermaßen *spannend* sind sie offenbar, dass der betreffende Artikel nicht einmal andeuten mag, wovon jene Thesen handeln; die eine Kostprobe, dass die Firmen zusammenarbeiten mögen, hat gereicht, danke.

Aber wie drückt man nun aus, dass etwas echt *spannend* ist? Indem man es genau so sagt: »Erwachsenwerden kann echt spannend sein …« Oder mit *super-* oder *mega-*: »Ausländische Investoren finden Berlin megaspannend.« Klingt aber auch nicht superspannend. Dann vielleicht mit *unheimlich* oder *unglaublich*: »Alles nicht so ganz einfach, aber so ist sie eben, die Philosophie – unheimlich schwer, aber auch unheimlich spannend!« Reißt die Kids auch nicht gerade vom Hocker.

Dann bleibt uns nach der Entwertung des Wortes eben nur das große Gähnen. Wo alles *spannend* ist, ist nichts mehr spannend. Denn die verbale Übertreibung ist nur kurz wirksam. Auf längere Sicht wird lediglich der Normalpunkt der Wortbedeutung neu kalibriert.

## Steigerung

Es gibt eine Reihe, die steigert sich peu à peu vom Punkt zum Kosmos. Ihre ersten Schritte können des allgemeinen Mitgefühls gewiss sein. Warum sollte sich ein Geschäftslokal, in dem zum Beispiel Küchenmöbel oder Fliesen verkauft werden, immer nur einfallslos *Laden* oder *Geschäft* oder *Shop* nennen? Gibt es nicht auch Bezeichnungen, die etwas mehr hermachen?

Klein fängt es an mit einem *Fliesenpoint*. Dann kommt die *Fliesenboutique*. Dann das *Fliesen*- oder *Küchen*- oder *Teppichstudio*. Ein *Studio* war eigentlich einmal eine Künstlerwerkstatt, ein *Atelier*, aber ein wenig Flunkerei muss dem *Nail und Beauty Studio* erlaubt sein. Das *Küchen*- und das *Gartenatelier* gibt es im übrigen ebenfalls, und beide sind jedenfalls keine Künstlerwerkstätten. Auch das *Teppichkontor*, das kein Kontor ist, sondern ein gewöhnlicher Laden. Eine *Küchenkanzlei* ist jedoch etwas anderes, nämlich eine Anwaltspraxis im eigenen Heim, und gehört nicht in diese Reihe. So tastet sich die Reihe hinauf zum *Haus*, ob dem *Autohaus* oder dem *Reformhaus*. Oberhalb des Hauses hätten wir dann den *Markt* (*Media Markt*, auch als *Blödmarkt* bekannt, im Gegensatz zu seinem Quasi-Konkurrenten, dem *Geilmarkt*), vornehmer auf Latein *Forum* (*Fliesenforum*), prolliger *Lager* (*Bettenlager*) oder *Speicher* (*Schaumstoffspeicher, Teespeicher*). Eine Nummer wichtigtuerischer ist das *Zentrum* oder *Center* (*Biercenter, Wäschecentrum*). Damit ist man schon fast bei der *City* angelangt (*Fliesencity, Küchencity*). Wen die *City* nicht lockt, den vielleicht der *Park* (*Reifenpark, Gebrauchtwagenpark*) und besonders ein *Park* besonderer Art, das *Paradies* (*Bäderparadies, Fliesenparadies, Reifenparadies, Teppichparadies*).

Danach gibt es dann kein Halten mehr. *Shop, Haus, Center, Park* ... Was dann? *Land.* Unvermeidlich finden sich in dieser Kategorie *Fliesenland, Küchenland* und *Teppichland.* Wenn schon *Land,* warum nicht gleich *Kontinent?* Aber sieh da, den gibt es nicht, wahrscheinlich ist das Wort zu lang und schwierig. Also gleich *Welt.* Die Welten sind voraussehbar: *Fliesenwelt* und *Küchenwelt,* dazu *Autowelt, Bäderwelt, Haarwelt, Kaffeewelt, Nudelwelt, Tapetenwelt.* Und wenn schon *Welt,* warum nicht eine andere. Also leuchtet der *Fliesen-* und der *Küchplanet.* Oder alle Welten. In der Ortschaft Pfullendorf lockt ein *Küchenuniversum.* Und wenn auch noch kein *Fliesenkosmos* zu finden ist, einen *Möbel-,* einen *Immobilien-* und einen *Antiquitätenkosmos* gibt es.

Champion dieser Großsprecherei aber ist der Regisseur eines Berliner Off-Theaters, der gar nichts zu verkaufen hat. »Hugo«, erklärte er dem Stadtmagazin, »kann zwischen seinen verschiedenen *Kosmen* switchen.« Warten wir also geduldig auf die *Fliesenkosmen.*

## Stottern

Manchmal ist in einem Satz etwas zu viel. Im Deutschlandfunk: »... desto leichter fällt es den Betrieben, die Preise kalkulieren zu können« – »Es ist nicht geplant, dass auch nur ein Soldat an Land gehen soll« – »... das Recht, ihre

Unschuld beweisen zu können« – »Die Verordnung untersagt, dass die Schulen Schwimmunterricht in Baggerseen erteilen dürfen« – »Sie sind außerstande, die Mehrheit gewinnen zu können«. In der ARD: »Sie sind bereit, den langen Marsch gehen zu wollen« – »Die Verkehrsverbünde wollen, dass die Bahn die Preiserhöhungen zurücknehmen soll«. Im *Spiegel*: »Er war sich sicher, dass es sich um Lockes Auto handeln musste.« Was das Modalverb in allen diesen Beispielen ausdrücken soll, das Sollen, Wollen, Dürfen, Können, war gerade schon gesagt worden.

Auch hier ist etwas zu viel: »Er kam mit gesteigerter Erwartungshaltung zur Sitzung« – »Sie sollten die Erinnerungskultur pflegen« – »Die Erklärungsmuster will ich anderen überlassen« – »Die Mitarbeiter haben Leistungsfähigkeit zu erbringen« – »Die Mannschaft muss sich mehr Motivationshilfe verschaffen« – »Für die Zukunft ist Erklärungsbedarf dringend nötig«. Natürlich, nicht der Bedarf ist nötig, sondern die Erklärung; der Bedarf ist schlicht überflüssig. Nicht die Haltung wurde gesteigert, sondern die Erwartung. Die Mannschaft braucht Motivation, nicht Hilfe. Und so weiter. Die Anfügung des zweiten Wortelements fügt dem Gedanken nichts hinzu, sie zieht ihm etwas ab, nämlich die Klarheit.

»Schlimm« ist beides nicht. Das Sprachsystem wird nicht beschädigt, das Verständnis nicht oder nur unerheblich erschwert. In der spontanen mündlichen Rede braucht niemand daran Anstoß zu nehmen. Aber diese Doppelungen zeigen, dass der Satz zu eilig und zu automatisch gebildet und der Gedanke und sein Ausdruck nicht wirklich zur Deckung gebracht wurden. Es ist eine Art semantisches Stottern, das Misstrauen weckt.

### Stück weit

Das absonderliche *ein Stück weit*, das sich ursprünglich nur auf Wegstrecken beziehen konnte (»er geht ihr ein Stück weit entgegen«), ist dabei, das ehrliche *etwas* zu verdrängen. »Die Probleme hier sind ein Stück weit anders.« – »Man braucht ein Stück weit mehr Steuerfinanzierung.« – »Dieser Prozess würde ein Stück weit länger brauchen.« Oder Gerhard Schröders berühmter Ausspruch aus dem Jahr 2002: »Wir sind fest davon überzeugt, die Beschäftigung in unserem Land ein Stück weit voranzutreiben« – was er dann aber doch nicht →*hingekriegt* hat. Nach dem Besuch des amerikanischen Präsidenten im Februar 2005 packte Wolfgang Schäuble gleich zwei *Stücke weit* in einen einzigen Satz, als er konstatierte, »dass man sich beim Iran ein Stück weit aufeinander zu bewegt hat und auch ein Stück weit Missverständnisse abgebaut hat«. Weiter trieb diese Stücke Düsseldorfs Oberbürgermeister in einer 2003 verlesenen Rede: »Was kann ich Ihnen anbieten, verehrte Jungmeisterinnen und Jungmeister? Ich kann Ihnen nur anbieten, dass wir versuchen werden in Düsseldorf und der gesamten Region weiterhin ein Stück weit uns abzukoppeln von der Entwicklung des Bundes. Ein Stück weit mehr versuchen, die Wirtschaft am Laufen zu halten, um es auf rheinisch-deutsch zu sagen. Ein Stück weit mehr Anreize zu geben … Was heute Morgen wieder als Meisterfeier stattfindet, ist ein Stück weit Parlament des Mittelstandes, ein Stück weit Parlament des Handwerks … Das wird Ihnen ein Stück weit helfen.«

Demnächst wird sich die Frage stellen, ob man die Floskel nicht zusammenschreiben sollte, *ein Stückweit*, wie vor der Rechtschreibreform und eines Tages wieder *eine Hand-*

*voll. Ein Stück weit* ist also mehr als nur ein Stück weit vorangekommen. Google spürt es im Internet 601000-mal auf. Da verblasst der Wortsinn und gerät mehr und mehr in Vergessenheit. Man erschrickt geradezu, wenn er sich unversehens doch noch einmal meldet: »Lehrer sollten ein Stück weit in die Köpfe der Schüler eindringen«, schreibt ein Pädagoge, und das klingt drohend.

## Suggestionen

Auch was wie eine nackte Meldung wirkt, liefert oft, kaum bemerkbar, dem Hörer oder Leser gleich die richtige Meinung dazu. Es braucht nur ein paar unscheinbare, an sich harmlose Wörter von gleichwohl hoher Suggestionskraft, um unauffällig ein vernichtendes Urteil in die scheinbar neutrale Formulierung einzuschmuggeln.

Da stellt ein Kommentator fest: »Der Kanzler gibt sich als Überzeugungstäter.« Sagen will er nur, dass der Kanzler nach seinen eigenen Worten das Richtige zu tun glaubt; mehr hat der Reporter anscheinend auch gar nicht gesagt, und allein für diese Aussage wird er die Haftung übernehmen. Tatsächlich gesagt aber hat er: Der Kanzler sei ein Krimineller (*Überzeugungstäter*), spiele seine Überzeugungen aber nur (*gibt sich*), sodass er doppelt tadelnswert ist: wegen seiner Überzeugungen und weil er sie gar nicht hat – eine Suggestionsfalle

Oder Justschenko, der sich dem EU-Beitritt »näher wähnt« – was dessen Hoffnung sogleich zu einem Wahn erklärt.

Ein Standardmittel der leisen Diffamierung sind die Verben *einräumen*, *zugeben* und *eingestehen*. Der deutsche Hörfunk meldet: »Mehrere Zivilisten wurden getötet und viele verwundet, das musste das US-Oberkommando heute einräumen.« Aus den Bildern von dieser Pressekonferenz, die die BBC zeigt, ist zu ersehen, dass das Oberkommando gar nichts *eingeräumt*, sondern schlicht etwas bekannt gegeben hat. Mit dem unscheinbaren Verb *einräumen* aber hat der deutsche Nachrichtenredakteur das Bild empört durcheinander rufender, gestikulierender Journalisten heraufbeschworen, wie sie dem Oberkommando eine Auskunft entreißen, die ihnen verschwiegen werden sollte. »Der Finanzminister räumte heute ein, dass die Neuverschuldung auf 43,7 Millionen steigen wird.« Allzu bereitwillig glaubt man, diese schlimme Zahl sei nur ans Licht der Öffentlichkeit gelangt, weil jemand unerbittlich nachgefragt hat. Dabei hatte derselbe Sender in den Tagen zuvor Dutzende von Malen gemeldet, der Finanzminister habe sie ganz aus freien Stücken bekannt gegeben.

Dieses *einräumen* kündet nicht nur von der hartnäckigen Wahrheitsliebe der Medienmenschen, es erlaubt auch, unerfreuliche Nachrichten, an denen die Medien einen unersättlichen Bedarf haben, unauffällig zu rezyklieren. Erst wird gemeldet, dass jemand etwas bekannt gegeben hat, dann, dass er es, scheinbar wider Willen, auch noch zugegeben hat.

Ein erhebliches Diffamierungspotenzial ist auch den unscheinbaren Wörtchen *überhaupt* und *eigentlich* eigen. »Wie konnte das überhaupt passieren?« ist weniger eine Frage als ein Ausruf: Das hätte niemals zugelassen werden dürfen! Und wenn einen Petra Gerster mit großen erschrockenen Augen ansieht und fragt: »Wie rechtfertigen die Amerikaner eigentlich diese tödlichen Schüsse?«, dann wissen wir mit ihr von vornherein, dass diese Schüsse überhaupt nicht zu rechtfertigen sind, dass die Amerikaner aber schon irgendwelche faulen Ausreden haben werden, die wir uns jetzt nur aus lauter Fairness noch anhören.

## Surrealitäten

Es grassiert die Pluralitis. Je abstrakter, je blasser ein Substantiv, desto eher wird es infiziert. *Befindlichkeiten, Begrifflichkeiten, Beziehungen, Bezüge, Flexibilitäten, Formatierungen, Gemengelagen, Konflikte, Kontexte, Probleme, Realitäten, Strukturen, Verfasstheiten, Verhältnisse, Zusammenhänge, Zustände, Zwänge* – alles kommt mit Vorliebe in der Mehrzahl daher. Fast jede Befürchtung wird zu mehreren *Ängsten*, jede Bekümmerung zu mehreren *Depressionen*, jeder bestimmte Zustand zu einer Vielzahl von *Verhältnissen*.

In der Sprache der Kulturkritik und vor allem dort erfasst die Pluralitis immer wieder auch Begriffe, die eigentlich gar keinen Plural haben können, weil es das, was sie meinen, nur einmal gibt oder der betreffende Begriff so abstrakt ist, dass er alle seine Varianten bereits umschließt. Ein Gummiband und eine Stahlfeder sind sehr verschieden flexibel, aber verbunden nicht durch *Flexibilitäten*, sondern durch die eine Eigenschaft der Flexibilität, Einzahl. Wenn mehrere Leute nervös sind, ist jeder von ihnen das vielleicht auf seine Weise, aber es vereint sie eben der eine Zustand der Nervosität, nicht verschiedene *Nervositäten*.

»Der Film liefert Konflikte und Surrealitäten.« – »Der Film spürt den Versehrtheiten des menschlichen Körpers nach« (über einen brutalen Kriegsfilm). – »Die scheinbaren Stabilitäten der sechziger Jahre …« – »Hier treffen deutschdeutsche Befindlichkeiten, Sensibilitäten und auch Ängste aufeinander.« – »Rituelle Praktiken [erzeugen keine] kollektiven Verbindlichkeiten mehr.« – »... die europäischen Sensibilitäten ...« – »Ich warne vor Überheblichkeiten«. Allein ein einziges Feuilleton der *Zeit* wartete auf mit: zwei *Autismen*, den *Verfettungen des Genres* (die Rede war von Rockmusik), *knirschenden Verwerfungen dieses Jahrhunderts*, *Problemkontinuitäten* sowie den *Psychopathologien politischer Befangenheiten.*

Die Logik der Pluralitis ist wahrscheinlich schlicht die Hoffnung, dass der Plural ja vielleicht aus einem blassen Begriff ... Aber nein, er macht daraus einen noch blasseren.

## Täter & Opfer

Die dichotomische Unterscheidung von *Tätern* und *Opfern* stammt aus dem Justizwesen, und hier ist sie angebracht. Das Gericht verhandelt über konkrete Taten, mit denen bestimmte Personen bestimmten anderen Personen einen objektiven Schaden zugefügt haben; es befindet über Schuld und Unschuld, nicht in einem wolkigen moralischen Sinn, sondern nach den Definitionen des Strafgesetzbuches. Die metaphorische Übertragung des *Täter-Opfer*-Gegensatzes auf die unklareren Verhältnisse des Lebens, in dem sich Aktivität und Passivität auf die verworrenste Weise mischen und der Mensch meist *Täter* und *Opfer* zugleich ist oder in einer Hinsicht *Täter*, in einer anderen *Opfer*, ist eine sprachliche Denkfalle. Sie befördert das Schwarz-Weiß-Denken, das die unendlich nuancierten Begebnisse des Lebens in ein engstirniges Raster presst.

Der Übergang vom Juristischen zum Lebenspraktischen ist in Sätzen wie dem folgenden zu beobachten, gefunden in dem Wörterbuch eines religionskritischen Website (www.basisreligion.de): »Täter und Opfer gibt es bei jedem Verbrechen, bei jeder Grausamkeit, bei jeder Ausbeutung, bei jeder Vergewaltigung, auch bei jeder Anmache, jedem Reinfallen, jeder Verführung, jedem Zerbrechen einer Liebe. Für die Täter im Bereich der Mann-Frau-Beziehungen gibt es viele Worte: Triebverbrecher, Mitschnacker, Vergewaltiger, Macho, Don Juan, und es gibt auch Frauen, die da den Männern in nichts nachstehen. Zu den Opfern zählen neben den Ausgebeuteten die Enttäuschten, die Verzweifelten, die Vereinsamten, die Manipulierten, die Überrumpelten, die um ihr Glück Betrogenen.« Und wo bleiben bei dieser groben Sortierung in Schuldige und Unschuldige die manipulierten Machos, die enttäuschten Frauenhelden, die verzweifelten Mitschnacker? Die Paare, bei denen sich beide um ihr Glück betrogen fühlen?

Noch lebensfremder ist die Übertragung der persönlichen *Täter-Opfer*-Metaphorik auf ganze Kollektive (*Tätervolk*). Sie verstellt jedes historische Verständnis.

## *Terror*

Das Wort *Terrorismus* ist ein Kind der Französischen Revolution, 1794 geprägt und schon vier Jahre später ins Wörterbuch der Académie française aufgenommen. In seiner Rede vor dem Volkskonvent am 5. Februar 1794 rechtfertigte der Jakobiner Maximilien Robespierre sein *régime de terreur*, seine ›Schreckensherrschaft‹, die Massenverhaftungen und -hinrichtungen, der in mehreren großen Wellen dreißigtausend Adlige und Geistliche, vor allem aber missliebige normale Bürger zum Opfer fallen sollten: »Während in Friedenszeiten die Quelle der Volksherrschaft die

Tugend ist, ist sie in Zeiten der Revolution zugleich die Tugend und der Terror: die Tugend, ohne die der Terror verhängnisvoll wäre; der Terror, ohne den die Tugend machtlos wäre. Terror ist nichts anderes als Gerechtigkeit, schnell, hart, unbeugsam.«

Der Zweck heiligt also die Mittel: Von Anfang an rechtfertigte sich der *Terror* aus seinen behaupteten höheren Zwecken, an denen nie ein Mangel herrschte. Erst die Hinrichtung dieses Tugendapostels und Chefterroristen setzte seiner Schreckensherrschaft ein Ende. Eigentlich war es ein Fall von *Staatsterrorismus*, zumindest von staatlich gewolltem und organisiertem *Terror* gegen das Volk, von oben nach unten; was später *Terror* hieß, richtete sich oft von unten nach oben. Die Kernbedeutung des Begriffs blieb jedoch über die wechselvollen Motive der folgenden Generationen von *Terroristen* hin die Gleiche: Gewaltanwendung gegen Personen (Mord, Entführung, Folter), um zur Durchsetzung politischer Ziele (die höheren Zwecke) Angst und Schrecken zu verbreiten – ein extremes Wort für eine extreme Sache.

Dann aber kamen vor etwa einem halben Jahrhundert die Superschlauen, die gnadenlos den *Terror* in Alltagsverhältnissen offen legten. Ihr geschärftes Sensorium entdeckte den *Psychoterror*, den *Konsumterror*, den *Elternterror*, den *Familienterror*, den *Kinderterror*, den *Jugendterror*, den *Altenterror* und schließlich den *Fußballterror*, den *Fernsehterror*, den *Handyterror* sowie den *Kirchen-*, *Glocken-* oder *Lärmterror*. Selbst der *Schönheitsterror* entging ihrem analytischen Blick nicht (»Im Sommer hat der *Schönheitsterror* Hochkonjunktur. ›In zwölf Tagen Bikinifigur‹ – die Titelseiten der Frauenzeitschriften überschlagen sich mit Hinweisen auf die effektivsten Diäten«). Angewandt auf offensichtlich viel weniger extreme Tatbestände, sollte das nämliche extreme Wort deren ungutes Wesen bloßlegen. Der Gestus war: Verhältnisse, ihr seid bis auf den Grund durchschaut! Manche Väter schüchtern ihre Kinder ein? Machen ihnen gar Angst, um eigene Interessen durchzusetzen? Ist das nicht ebenfalls ein Art von *Terror*, gleichsam, sozusagen, irgendwie? Ist das nicht sogar der eigentliche *Terror*, viel schlimmer als der des Autobomben zündenden Attentäters, gerade weil niemand die »strukturelle« Übereinstimmung sehen will?

Vor all diese *terrores* hat man sich also ein ›Quasi‹ zu denken. Doch die Rechnung geht nicht auf. Die maßstablose Ausweitung eines Begriffs macht die Verhältnisse nicht etwa kenntlicher, sondern unkenntlicher. Über der reichlich dünnen und abstrakten »strukturellen« Ähnlichkeit von Terror und Quasiterror geraten die massiven konkreten Unterschiede aus dem Blick. Schließlich macht die Inflation all der Spielarten von Quasiterror das Wort selbst lächerlich: »Über den größten *Christenterror*«, stand in der *taz*, »muss man erst noch reden – über den ›Kopftuchzwang für schwäbische Omas‹.«

### Teufel-Nachfolger

Hört jemand noch den Unterschied? Zum einen: »Oettinger setzt als Teufel-Nachfolger Maßstäbe im Umgang mit Jugendlichen« (der *Spiegel* im Mai 2005). Zum andern: »Oettinger setzt als Teufels Nachfolger …« Oder: »Die Pieper-Beförderung steht im Zusammenhang mit der Niebel-Kandidatur«, wie der Deutschlandfunk im April 2005 zu melden wusste. Dagegen: »Piepers Beförderung steht im Zusammenhang mit Niebels Kandidatur«, wie kein Sender meldete. Oder: »Ein Buch des Oxford-Historikers Timothy Gordon Ash …« und »Ein Buch des Oxforder Historikers …« Die zweite Formulierung meint nichts als die beabsichtigte Beförderung der Cornelia Pieper, die Kandidatur des Dirk Niebel, den in Oxford lehrenden Historiker. Die erste Formulierung aber, die Form mit dem Bindestrich, behauptet, es gäbe in den Großgattungen der Nachfolger und Beförderungen und Historiker hervorhebenswerte Untergattungen, nämlich die *Teufel-Nachfolger*, die *Pieper-Beförderungen* und die *Oxford-Historiker*. Bevor diese Sprachmode aufkam, musste man entweder den Genitiv oder Konstruktionen vom Typ *die Regierung Merkel*, *die Familie Mustermann* verwenden, bei geographischen Namen die Ableitung mit *-er*.

Der neue Gebrauch schlich sich in den achtziger und neunziger Jahren zunächst langsam und leise ein, unter dem Einfluss des Englischen, wenn eilige und unprofessionelle Übersetzer in den Medien etwa *the Clinton administration* schnurstracks mit *die Clinton-Regierung* und schließlich noch wörtlicher mit *die Clinton Administration* wiedergaben. Mit der *Bush-Administration* war es dann um die *Regierung Bush* und den Genitiv endgültig geschehen.

Warum diese Vorliebe für die Bindestrichform? Eben weil sie oft gestattet, den ungeliebten Genitiv zu umgehen. Und weil sie unpersönlicher wirkt und »englischer« ist. Ein wenig enteignet der Bindestrich den, der vor ihm steht. Dessen einmalige Beziehung zu dem betreffenden Objekt ernennt er zu einem allgemeinen Typ des Objekts, der einen dauerhaften eigenen Begriff verdient. Er tut das unter der Hand und manchmal durchaus entgegen den Absichten der Autoren; trotzdem scheint nichts mehr seinen

Siegeszug aufhalten zu können. Ein *Oxford-Historiker* wäre früher einzig ein Fachmann für die Geschichte Oxfords gewesen, nicht ein in Oxford tätiger Historiker. Dieser Unterschied lässt sich heute nicht mehr ohne weiteres ausdrücken, die frühere semantische Unterscheidung ist irreversibel verloren, und das darf man wenigstens schade finden.

## *total*

Die Medien-, vor allem die Werbesprache hat eine Vorliebe für das nachgestellte und darum unflektiert bleibende attributive Adjektiv. Neu ist das nicht; das Muster waren respektable Wendungen wie *Röslein rot*, *Hänschen klein*, *Karpfen blau* oder *Akrobat schön*. Neu ist nur die Proliferation, die diese grammatische Möglichkeit zur Masche gemacht hat. Die Nachstellung des Adjektivs scheint dem Begriff einen modernen, internationalen Touch zu verleihen. Normale deutsche Adjektive geraten nur ganz selten in diese unorthodoxe Position: *Pingpong neu, Sonne satt.* Vor allem die internationalistischen Lieblingsadjektive (→Globalesisch) sind es, die sich die Umstellung gefallen lassen müssen: *Radsport aktiv, Fußball brutal, Wellness exklusiv, Deutsch global, Musik international, Kultur kompakt, Radio mobil, Büro perfekt, Öko pur* (wenn das kein Waschmittel ist, ist es reinster Quatsch), *Fernsehen total, Info zentral.* Eine Werbetafel in Schwerin, vielleicht formuliert nach dem Genuss von zu viel *Wodka Absolut*, verheißt *Peking Ente und japan Sushi absolut.* Sogar eine Geisel mitten in der Sahara kann sich dem Trend nicht verschließen und notiert in ihr Tagebuch: »Aufregung total wegen der Nachtflieger.«

Die Versetzung des Adjektivs nach hinten bewirkt, dass

die Kombination als Ganzes nicht mehr flektiert und darum kaum noch in einen vollständigen Satz eingebaut werden kann. Sie eignet sich hauptsächlich für das Deutsch der Plakate und Werbeanzeigen, das nur nennt und nichts aussagt. Außerdem erfährt sie eine leichte Bedeutungsverschiebung: *Billige Klamotten* signalisiert, dass die Billigkeit nur eine Eigenschaft unter anderen ist und es auch teure gibt. *Klamotten billig* ist dagegen eher als ein Ausruf zu verstehen und könnte gut *Klamotten! Billig!* geschrieben werden – Wörter, die weniger gesprochen als den Leuten an den Kopf geworfen werden.

## Übersetzen

Die sprachlichen Novitäten, die uns dilettantische Übersetzer in den Medien bescheren, sind oft nichts anderes als Übersetzungsfehler, etwa die vielen →Falschen Freunde. Die Beschleunigung des Sprachwandels verdanken wir zu einem Teil ihren halbgaren Produkten. Aber wie sollte man übersetzen? Wie sollte zumindest der Anspruchsvollste der Zunft arbeiten, der literarische Übersetzer? Hier ein paar Ratschläge für Novizen, gewonnen aus vierzigjähriger eigener Erfahrung.

Das Hopplahoppverfahren rächt sich auf der Stelle. Jedes Drauflosübersetzen kostet am Ende Zeit. Bevor man mit dem Übersetzen eines Textes gleich welcher Länge beginnt, muss man diesen in seiner Gänze kennen. Auch jeden einzelnen Satz muss man ganz verstanden und in sich aufgenommen haben, ehe man mit dem Übersetzen einzelner Wörter und Satzteile beginnen kann. Sonst verrennt man sich und hat hinterher Mühe, aus den Sackgassen wieder herauszukommen.

In Wörterbüchern kann man nicht oft genug nachschlagen, und sie können gar nicht umfangreich genug sein. Gerade die »selbstverständlichen« Wörter haben ihre Tücken: Man meint sie genau zu kennen – und rechnet nicht damit, dass sie oft weitere Bedeutungen haben, die einem bisher entgangen waren.

Bei der Rohübersetzung sollte man nicht endlos über einzelnen schwierigen Ausdrücken brüten, sondern zunächst Platzhalter einsetzen, markieren und dann weitermachen. Die markierten Stellen müssen später beim Überarbeiten gelöst werden. Notfalls muss man sich mentale Notizen über solche einzelnen schwierigen Stellen machen und zwischendurch immer wieder darüber nachdenken. Wenn sie einem gegenwärtig sind, findet sich oft eine Lösung beim Lesen von anderen Texten.

Literarisches Übersetzen ist Überarbeiten. Die Rohfassung muss mehrmals redigiert werden, davon mindestens zweimal im Abstand von mindestens vierzehn Tagen. Warum der Abstand? Damit einem der eigene Text zwischendurch ausreichend fremd wird. Nur dann vergisst man nämlich, was man seinerzeit gemeint hatte, denkt es beim Wiederlesen nicht mehr automatisch mit – und erhält damit die Chance, wahrzunehmen, was man tatsächlich hingeschrieben hatte und was der Leser dem Text entnehmen wird.

Eine Hilfe beim Überarbeiten ist es manchmal, sich den Text laut vorzulesen. Was man sich selbst nicht laut vorlesen kann, oder was man sich erst mit verschiedenen Betonungen vorlesen muss, bis man die einzig richtige gefunden hat, ist wahrscheinlich schlecht übersetzt. Beim Schreiben hatte man möglicherweise den jeweiligen Satzton nicht genau genug im Ohr und ihn durch die Formulierung falsch gelenkt.

In erster Linie muss die Bedeutung übersetzt werden, nicht etwa der Klang, der Rhythmus, der Stil, der Drive, das Feeling, der »Geist« eines Textes. Alles das ist sekundär und hängt ausschließlich am eigenen Urteil. Die Bedeutung dagegen lässt sich einigermaßen objektiv erfassen. Die genaueste Übersetzung ist immer die beste. Aber genau heißt nicht wörtlich, sondern sinngenau. Zur Probe kann man sich fragen: Welche einzelnen Aussagen enthält der vorliegende Satz? Alle sollten sich dann in der Übersetzung wiederfinden. Auch seine Konnotationen und Assoziationen gehören zur Bedeutung. Bei technisch-wissenschaftlichen Übersetzungen dagegen hat vor allem die Terminologie zu stimmen; Konnotationen und Assoziationen müssen den Übersetzer hier nicht kümmern.

Im Idealfall sollte die literarische Übersetzung »wirkungsadäquat« sein: nämlich im Kopf des Lesers oder Hörers genau jene Gedankengespinste heraufrufen, die das Original bei sich zu Hause heraufgerufen hat. Dazu muss ein literarischer Text nicht nur übersetzt, er muss ins Deutsche umgedacht werden. Die Übersetzung ist eine Interpretation, wie der Vortrag eines Liedes eine ist. Übersetzen ist eine Kunst, eine darstellende Kunst.

Die verwandten indoeuropäischen Sprachen laden terminologisch, idiomatisch und syntaktisch zu einer Eins-zu-eins-Wiedergabe ein. Diese aber wirkt oft ungeschickt und ist manchmal rundheraus falsch. Es kommt vor, dass ein Begriff in der Zielsprache auf mehrere Wörter verteilt werden muss (zum Beispiel *serendipity* etwa auf *Gespür für glückliche Zufallsfunde*); oder dass mehrere Wörter zu einem

**195**

einzigen Begriff zusammengefasst werden können (zum Beispiel *malicious glee* zu *Schadenfreude*). Idiomatische Ausdrücke müssen durch annähernde deutsche Entsprechungen ersetzt werden (es sei denn, der fremdländische Charakter der Stelle soll ausdrücklich betont werden). Die Syntax muss oft umkonstruiert werden. Zum Beispiel werden lange, aber noch überschaubare Sätze im Deutschen durch die längeren Wörter, die Abneigung gegen Partizipialkonstruktionen und den Rahmungszwang leicht unüberschaubar; dann müssen sie vorsichtig zerlegt werden.

Im Kopf entsteht die Übersetzung zunächst als mehr oder minder wörtliche. Diese sichert provisorisch und grob, was man einem Satz entnommen hat. Sogleich aber hat sich der Interpret die wichtigste Frage dieser darstellenden Kunst zu stellen. Sie lautet: Aber wie sagt man das nun auf Deutsch? Dem Übersetzer muss beispielsweise rechtzeitig klar werden, dass die französische Redensart *gagner sa vie*, englisch *to earn one's living*, ein deutsches Äquivalent hat, das eben nicht *sein Leben verdienen* lautet, wie man in dilettantischen Übersetzungen zu lesen bekommt, sondern *seinen Lebensunterhalt verdienen*.

Schon das normale Sprechen ist in einem wörtlichen und nicht trivialen Sinn ein Übersetzen: Man übersetzt einen Gedanken, also eine bestimmte Bedeutungsvorstellung, die noch wolkig und simultan, nichtsequenziell ist, mit den lexikalischen und grammatischen Mitteln, die einem in diesem Augenblick zur Verfügung stehen, in sequenzielle Sprache. Je nachdem, wie genau man bei diesem automatischen Vorgang in einen Gedanken hineinhört und welche sprachlichen Mittel einem zu Gebote stehen, trifft der entstehende Satz den Gedanken geschmeidiger oder starrer, genauer oder ungenauer. Schriftsteller haben oft hypertrophe Ansprüche an die Genauigkeit ihres Ausdrucks, sollten sie jedenfalls haben, und das Mot juste zu treffen bereitet ihnen jenes Glücksgefühl, das alle Künstler kennen, wenn ihnen etwas gelingt, und ohne das sie ihre schwierige Kunst nicht ausüben würden.

Ihre Übersetzer übersetzen die ursprünglichen Gedanken dann ein zweites Mal, und sie haben es dabei in einer Hinsicht leichter, in anderer schwerer. Einerseits müssen sie auf jene Gedanken nicht selber kommen, sondern sie nur »nachdenken«, und zwar vollständig. Was sie ihrem Autor nicht »nachdenken« können, können sie auch nicht übersetzen. Andererseits verfügen sie selber von vornherein nicht über die gleichen sprachlichen Mittel wie der Autor und oft auch nicht über äquivalente. Einige von diesen existieren in der Zielsprache möglicherweise gar nicht. Trotzdem gilt die heuristische Arbeitshypothese, dass sich alles, was einmal in einer Sprache ausgedrückt wurde, auch in jeder anderen ausdrücken lassen muss. Der Übersetzer ersetzt also nicht nur wie der übersetzende Computer bestimmte Worte durch andere – er muss ganze, fremde Gedanken nachvollziehen und sich die sprachlichen Mittel für ihren Ausdruck irgendwoher beschaffen. Das tut der Computer nie, und darum ist er ein so kläglicher Übersetzer.

Der Übersetzer, der sich in einen fremden Autor hineindenkt, wird selten seiner eigenen natürlichen Sprache freien Lauf lassen können. Er muss sich eine fremde Denkweise zu eigen machen und für diese eine Sprache erfinden. Schriftsteller mit einer ausgeprägten Individualsprache sind darum oft sehr schlechte Übersetzer – sie vergewaltigen den fremden Text, stülpen ihm ihre eigene Sprache über.

Ein guter Übersetzer bleibt unsichtbar im Hintergrund. Der Leser lernt ihn nur als einen Menschen kennen, der sich gut in einen anderen hineindenken konnte.

Manche grammatischen Mittel, die in der Originalsprache konventionell sind (zum Beispiel die Partizipialkonstruktionen des Englischen, die Weglassung des Hilfsverbs *sein* und des Artikels im Russischen), sind es in der Zielsprache nicht und müssen durch deren eigene konventionelle Mittel ersetzt werden. Wo der Autor seltene, alte, ungewöhnliche oder neu geprägte Wörter benutzt, sollte es auch der Übersetzer tun. Der deutsche Text darf verfremdet werden, soweit auch das Original von der Standardsprache abweicht, aber keinesfalls übersetzt wirken. Probe: Die wirkungsadäquate Übersetzung sollte sich in der gleichen Geschwindigkeit lesen lassen wie der Originaltext.

In jedem Text hat man es mit sprachlichen und mit kulturellen Tatbeständen zu tun. Es gilt die Faustregel: Sprachtatbestände sind zu übersetzen, Kulturtatbestände nicht. Wenn Engländer als eilige Zwischenmahlzeit *fish and chips* zu sich nehmen, so ist das eine Kulturtatsache. Der Übersetzer kann die kulturelle Differenz nicht einebnen, indem er für Fisch und Fritten einen analogen deutschen Imbiss einsetzt, Currywurst oder Döner.

Diese Grundregel ist bei näherer Betrachtung allerdings weniger eindeutig und mechanisch, als es zunächst scheint. Manche Sprachtatbestände nämlich müssen gleichzeitig als Kulturtatbestände gelten. Wo man im Deutschen und analog in den anderen europäischen Sprachen vom *Vaterland* spricht, steht im Chinesischen *Mutterland* – ein Unterschied, der möglicherweise zu bedeutsam ist, als dass der Übersetzer ihn unter den Tisch fallen lassen dürfte. Aber das Problem beginnt nicht erst bei den großen Begriffen, sondern schon bei den banalen Alltagsformeln, zum Beispiel bei den Anredeformen, den Höflichkeitsfloskeln oder auch den vielen italienischen, spanischen oder russischen Diminutiven. Übersetzt man im konkreten Fall das englische *you* mit *du*, *Sie* oder *man*? Im Chinesischen fragt man nach jemandes Befinden bisweilen mit einer Formel, die *Hast du gegessen?* bedeutet. Darf der Übersetzer das als eine reine Sprachtatsache betrachten und daraus mir nichts, dir nichts *Wie geht es dir?* machen?

Hier bleibt dem Übersetzer ein weiter Ermessensraum – und dem übersetzten Text ein Anrecht auf eine Menge auch sprachlicher Fremdheit. Denn was die Übersetzung sichtbar zu machen hat, sind nicht nur die fremden Wortbedeutungen und die fremde Kultur, sondern möglichst auch die fremde Denkweise, die fremdartige Versprachlichung des Denkens. Wie gesagt, ist Übersetzen eine darstellende, also eine dienende Kunst. Die Denkweise des Übersetzers soll die des Autors nicht völlig verdecken.

## unvergleichbar

Wörter sind nicht unschuldig. Sie benennen nicht nur die Wirklichkeit, die ohne sie genauso weiterbestünde wie mit ihnen. Oft interpretieren sie sie auch in einer bestimmten Weise, verleiten uns damit zu einem bestimmten Handeln und wirken so in die Realität zurück. »[Die Sprache] setzt uns in die Lage, uns selber als Individuen und als Gruppenangehörige zu definieren; sie verrät uns, in welcher Beziehung wir zueinander stehen, wer die Macht hat und wer nicht« (die amerikanische Sprachwissenschaftlerin Robin Lakoff[18]).

Das unscheinbare Wort *unvergleichbar* hat die Kraft, tiefe politische und moralische Differenzen nicht nur auszudrücken, sondern in der Realität zu befestigen. In der lockeren Umgangssprache wird es oft nahezu synonym gebraucht mit *außerordentlich, beispiellos, einzigartig, singulär, unvergleichbar, unvergleichlich.* »Das Orchester hat heute unvergleichlich gut gespielt … einzigartig gut gespielt …« – ungefähr ist das das Gleiche, nämlich ›sehr, sehr gut‹, ›so gut wie nie zuvor‹. Wo es um die Bezeichnung wichtiger historischer und sozialer Sachverhalte geht, ist solch ein laxer Alltagsumgang mit der Semantik jedoch gefährlich.

»Die katholische Kirche und der Zentralrat der Juden sind sich einig: Der Holocaust bleibt unvergleichbar«, heißt es in einer Pressemitteilung vom Februar 2005. »Die Einmaligkeit und Unvergleichbarkeit des Verbrechens des Holocaust sind Mahnung zu ständiger Wachsamkeit«, hieß es in einer Präambel zur österreichischen Regierungserklärung 2000. Dass die deutschen Verbrechen am Judentum *unvergleichbar* seien, ist heute eine Art verbindliche Gesinnungsdoktrin der Bundesrepublik, ein »verfassungspatriotischer Konsens«. Solches ist die Macht des bloßen Wortes.

Inwiefern der →Holocaust als ein *singuläres* und *unvergleichbares* Geschehen anzusehen ist, ist jedoch unter nichtdeutschen Historikern und Publizisten, auch jüdischen, durchaus umstritten. Zumindest wird die Frage nicht als abgeschlossen betrachtet und weiterer Diskussion für wert gehalten. Zur Illustration nur eine Nebenbemerkung aus einem britischen Kommentar zur Prozessniederlage von John Irving, dem prominentesten unter den Holocaust-Leugnern: »Die Welt hatte inzwischen ein offeneres Ohr für die Forderungen jüdischer Organisationen. Das lag nicht an den Manipulationen einer ›Holocaust-Industrie‹ [wie Irving argumentiert hatte]. Es lag an der wachsenden Einsicht, dass der Holocaust eben *nicht* einzigartig [*unique*] und unvergleichbar [*incomparable*] war. Kriegsverbrechen und Genozide auf dem Balkan, in Zentralafrika und Asien förderten das Bewusstsein, dass sich das Geschehen zwischen 1933 und 1945 und seine Spätfolgen nicht sicher in die Geschichte wegsperren ließen, sondern eine schreckliche zeitgenössische Relevanz besitzen.« [19]

Das deutsche Gebot der *Unvergleichbarkeit* steht nicht im Zusammenhang mit dieser laufenden internationalen Debatte, sondern hat seine eigene Geschichte. Es ist das Ergebnis des sogenannten Historikerstreits. 1980 hielt der Historiker Ernst Nolte einen Vortrag, in dem er eine absonderliche und provozierende These vortrug. Kurz gesagt: Die Judenvernichtung des Dritten Reichs sei »eine aus Angst geborene Reaktion auf die Vernichtungsvorgänge der Russischen Revolution« gewesen, ihre »verzerrte Kopie«. Die These blieb unbeachtet, bis Nolte sie im Juni 1986 in der *Frankfurter Allgemeinen* wiederholte. Sogleich stieß sie auf schärfsten Widerspruch, vor allem von dem Philosophen Jürgen Habermas. In den folgenden Monaten wurde sie landauf landab in allen Medien hin und her gewendet und überwiegend für ganz und gar abwegig und hochgefährlich erklärt. Habermas: »Wer den Deutschen die Schamröte über Auschwitz austreiben will, zerstört die einzig verlässliche Basis unserer Bindung an den Westen.«

Das war der »Historikerstreit«. Inhaltlich hatte die Geschichtswissenschaftlich Noltes These bald widerlegt. Aber er hinterließ ein Legat. Es ist das offizielle Fazit, wie es zum Beispiel im *Handwörterbuch des politischen Systems der Bun-*

*desrepublik Deutschland*[20] steht: »Im ›Historikerstreit‹ der achtziger Jahre, der mit einer Reaktion von Habermas auf einen Relativierungsversuch des Historikers Ernst Nolte begann, wurde die *Einmaligkeit und Unvergleichbarkeit* der nationalsozialistischen Massenmorde an Juden zu einer allgemein anerkannten Leitdoktrin.« Seither muss jemand, der öffentlich sagte, dass er den Gulag für ebenso schlimm hält wie das deutsche KZ-Imperium, damit rechnen, ins rechtsextreme Lager abgeschoben zu werden, mit der Begründung, er hätte die *Unvergleichbarkeit* der Naziverbrechen bestritten.

Lautete diese Leitdoktrin wörtlich so, wie sie gemeint war: »Du sollst das Verbrechen an den Juden nicht relativieren und durch den Hinweis auf andere Verbrechen verharmlosen oder entschuldigen«, so wäre alles in Ordnung. Relativieren, verharmlosen und entschuldigen soll keiner. Der Begriff *Unvergleichbarkeit* jedoch führte und führt zu endlosen Problemen, logischen, moralischen, historischen. Denn das Vergleichen gehört zu den Grundfunktionen des menschlichen Geistes, wie das Erinnern oder das Assoziieren. Der Historiker kann es nicht lassen. Es lässt sich schlechterdings nicht verbieten. Das Versprechen »Ich vergleiche nicht« kann niemals mehr sein als ein Lippenbekenntnis. Selbst um den Genozid an den Juden *singulär* oder *einzigartig* zu nennen, muss man ihn verglichen haben. Die Formel *unvergleichbar und singulär* ist darum ein logischer Widerspruch. Etwas *Unvergleichbares* lässt sich nicht als *singulär* erkennen.

Das faktische und moralische Dilemma ist nun aber dies. Einerseits können wir nicht *nicht* vergleichen, und auch der Genozid des Holocaust muss verglichen werden mit anderen Genoziden. Andererseits weiß man nicht, was eigentlich zu vergleichen wäre, sodass ein Vergleich nahezu ein Ding der Unmöglichkeit ist. Das Leid der einen lässt sich nicht mit dem der anderen vergleichen – wer entrechtet, entwürdigt und bestialisch gemordet wurde, dessen Leid war immer maximal. Leiden ist moralisch auch weder multiplizierbar noch dividierbar; das gemeinsame Leid Hunderttausender wiegt nicht schwerer als das Zehntausender. Unvergleichbar ist auch, was eine Erfahrung für den Einzelnen oder eine Gruppe seelisch bedeutet. Vergleichen kann man immer nur einzelne, objektiv beobachtbare, möglichst sogar messbare Charakteristika – Äußerlichkeiten also. Der Prototyp des objektiven Vergleichs ist der Warentest. Es werden einzelne, ausgewählte Eigenschaften untersucht, bewertet, benotet und gewichtet, dann werden die Punkte addiert, und heraus kommt eine Rangfolge. Es gibt aber kein Testmodell für Genozide, das auf allgemeine Zustimmung hoffen könnte; und vor jedem Ranking muss man sich hüten.

Gleichwohl müssen historische Vergleiche gezogen werden, und sie müssen sich auf solche Äußerlichkeiten stützen: die Zahl der Opfer eines Genozids; die Methodik der Aussonderung, Entrechtung, Verfolgung und Tötung; die erklärten subjektiven und die mutmaßlichen objektiven Motive der Täter. Es ist möglich, dass die Vernichtung der europäischen Juden durch die Nazis tatsächlich ein in irgendeiner Hinsicht singuläres Geschehen war – aber in keinem der einzelnen äußerlichen Umstände, die für seine Singularität in Anspruch genommen wurden, war sie es. Die Zahl, sechs Millionen? Die Zahl der gleichzeitig im deutschen Staatsauftrag getöteten Russen und Polen (Zivilisten und Kriegsgefangene) war höher. Systematisch im Namen von schimärischen Werten wie »Volksgesundheit« und »Rassenreinheit« entrechtet, verfolgt und ermordet wurden auch Roma, Homosexuelle und Geisteskranke; irgendwie ethnisch (rassistisch), religiös oder verblasen-ideologisch motiviert sind die meisten Genozide der Geschichte. Ein Charakteristikum der nazistischen Genozide, das möglicherweise keine Parallele hat, ist die kalte, emotionslose Effizienz der Mordmaschinerie, die Industrialisierung des Genozids; aber diese betraf nicht nur die Juden.

Nicht das Vergleichen selbst ist im übrigen das Anstößige. Anstößig, geradezu obszön wird es erst, wenn sein Zweck die Etablierung einer Rangfolge ist, so als handele es sich um einen Wettbewerb um den Status als wichtigste Opfergruppe – der Gruppe, der die stärkste Aufmerksamkeit und das tiefste Mitgefühl gebührt. Das Volk, aus dem sich damals die Täter rekrutierten, muss sich wie kein anderes davor hüten, solche Ranglisten aufzustellen. Denn jede Hervorhebung der einen Opfergruppe bedeutet eine Demütigung der anderen. Implizit erklärt sie ihnen, ihr Leiden sei weniger wert gewesen. Es stirbt sich aber nicht leichter und besser, wenn man sein Los nur mit Hunderttausenden teilt und nicht mit Millionen; auch nicht, wenn man einem schlampigen Lagerregime zum Opfer fällt und nicht einer effizienten Tötungsfabrik.

*Singulär* war der Judeozid des Nazireichs natürlich, aber der Ethnozid an den Roma war es ebenfalls – beide jedoch nur in dem Sinn, in dem jedes Ereignis singulär ist. Historisches Vergleichen mindert zwar unter Umständen seine Singularität; was es aber niemals mindern kann, ist sein moralisches Gewicht. Darum war es unklug und außerdem unnötig, *Unvergleichbarkeit* und *Singularität* so aneinander zu koppeln, wie es im Gefolge des Historikerstreits geschehen ist, und beides zu einer Leitdoktrin zusammenzuschmieden. Eine Leitdoktrin sollte nicht die objektive historische Forschung diskreditieren, die ohne Vergleiche nicht auskommt, sondern die Erstellung von Ranglisten und mit ihr die Vergabe von Einzigartigkeitssiegeln. Sie sollte den gleichen Respekt vor allen Opfern fordern und keines von ihnen durch Relativierung verharmlosen oder entschuldigen.

Eine genaue Wortwahl hätte ein unauflösbares moralisches Dilemma erspart.

## *Verantwortlichkeiten*

»Die neuen Mitglieder des Sicherheitsrats sollen die gleichen Verantwortlichkeiten haben«: In einem solchen Satz, der aus einem Nachrichten-, nicht einem Kommentartext stammt, vermählen sich zwei modische Unarten, die Pluralitis (→*Surrealitäten*, →*Buchtitel*) und die *-lichkeit*-Marotte (→*Begrifflichkeit*). Die neuen Mitglieder sollen die gleiche *Verantwortung* haben, nicht die gleichen *Verantwortungen* – und erst recht nicht die gleichen *Verantwortlichkeiten*. Der unsinnige Plural macht klar, dass *Verantwortung* und *Verantwortlichkeit* (das Verantwortlichsein) eben nicht das gleiche sind. Damit der Plural gerechtfertigt wäre, müssten die neuen Mitglieder des Sicherheitsrats auf verschiedene Art verantwortlich sein – und eben das sollen sie ja nicht. In Worten lauern Gefahren, aber nicht Gefährlichkeiten.

Warum dann diese schiefen *-lichkeiten*? Sprachliche Wichtigtuerei.

### verkommen

Vor einer Generation noch war *verkommen* das starke, drastische Wort, das es über hundert Jahre lang gewesen war. Seine Bedeutung: ›verwahrlosen‹, sozial und körperlich und moralisch hoffnungslos ›herunterkommen‹. Der prototypische Anwendungsfall war das *verkommene* Subjekt, das »in der Gosse gelandet« war. »Ein Kind, welches verkommen und hungerig im Staube liegt, ist eine Schande für die ganze Landschaft«, schrieb Gottfried Keller im *Grünen Heinrich*. Hundert Jahre später bemächtigte sich das →*kritische* Bewusstsein der Vokabel. Sie kam seinem Hang zur Dramatisierung entgegen: mit starken Wörtern die zur Empörung gesteigerte Aufmerksamkeit auf allerlei neue Sachverhalte zu lenken, an denen die Öffentlichkeit sonst vielleicht nichts weiter Empörenswertes gefunden hätte. Karl Marx selbst hatte diesen hyperbolischen Gebrauch vorgemacht: »Unsere Partei … hatte den großen Vorzug, eine neue wissenschaftliche Anschauung zur theoretischen Grundlage zu haben, deren Ausarbeitung ihr hinreichend zu tun gab; schon deswegen konnte sie nie so tief verkommen wie die ›großen Männer‹ der Emigration« (1859). Politisch Unliebsames: *verkommen*.

Aber es kam, wie es kommen musste. Dank seinem wahllosen und inflationären Gebrauch wurde die Denunziation, die in dem Wort *verkommen* schlummerte, immer kraftloser, bis es schließlich nicht viel mehr als ein blasses *werden* bedeutete, mit einem leicht negativen Akzent. »Der deutsche Wahlkampf verkommt zu einem Schönheitswettbewerb«, befindet das Adolf-Grimme-Institut, »Kindergärten verkommen zu Verwahranstalten«, die Gewerkschaft ver.di. »Traditionsreiche Bonner Residenzen verkommen zu Schandflecken«, beklagt die *Welt am Sonntag*, »Die Steuer auf Alcopops verkommt bestenfalls zur Selbstberuhigung«, die *Zeit*. »Pflanzen verkommen zu Konsumartikeln, Gärten verkommen zu ›Abstandsgrünstreifen‹«, konstatiert die Gesellschaft der Staudenfreunde. »Studienkonten verkommen zur Strafaktion für Studierende«, klagen die Bündnisgrünen von Rheinland-Pfalz – offenbar verkommen diese Studienkonten schon, ehe sie auch nur eingerichtet sind. Sogar die Beamten machen mit: »Der Deutsche Beamtenbund Bremen warnt davor, das Sparen zu einer Strangulation verkommen zu lassen.« Klar, da kann es nicht ausbleiben: »Der Sprechende Hut verkommt zu einem Button« (auf einer Harry-Potter-DVD). Das englische *depraved*, das keine solche Entwertung durchgemacht hat, lässt sich heute nicht mehr mit *verkommen* übersetzen. Auch darum sagen Übersetzer immer häufiger *depraviert*.

Nur eine christliche Sekte, die im Internet gegen die Wissenschaft wettert, hofft noch auf die alte Kraft des Wortes: »Wir wissen heute, dass es keine Naturgesetze gibt, aber wir glauben es nicht, weil wir zu Knechten Satans, zu Lügnern und Mördern verkommen sind.«

### Visionen

Die *Vision* entstammt der Sprache mittelalterlicher Mystiker. Sie meinten damit ein Traumgesicht, eine fromme Erscheinung. Noch Fontane gebraucht den Begriff so: »Markgraf Otto I. … schlief ein und hatte eine Vision. Er sah im Traum eine Hirschkuh, die ihn ohne Unterlass belästigte« – und die er für ein Symbol des lästigen heidnischen Slawentums hielt, gegen das er einschreiten wollte.

In diesem Fall führte die Vision zur Gründung einer Klosterburg, die nach jener Hirschkuh hieß: Lehnin.

Wenn man diese mittelalterlichen Ur-Visionen ihrer Legendenaura entkleidet, muss man konstatieren: Es handelt sich um Symptome einer Geisteskrankheit, um visuelle Halluzinationen, die mitunter zu grotesken Fehleinschätzungen der Realität führen.

Wörtlich bedeutet *er hat eine Vision* also ›er ist nicht bei Verstand‹. Trotzdem haben *Visionen* Konjunktur wie noch nie, seit der Begriff ›Utopie‹ in den sechziger und siebziger Jahren durch inflationären Gebrauch verschlissen wurde. So formuliert es stellvertretend ein Verhaltenstrainer, der sozusagen honorarpflichtige Visionskurse veranstaltet: »Es gibt Menschen, die bereit sind, für Ihre Ideale zu sterben. Sind Sie bereit, für Ihre Vision zu leben? Wenn Sie jetzt wissen, warum Sie eine persönliche Vision erschaffen, leben und mit den Visionen anderer Menschen verknüpfen wollen, dann fangen Sie sofort damit an! Sie brauchen eine Vision! Beginnen Sie … – Jetzt!«

Es gibt große Visionen und kleine. Eine große: »China hat eine Vision« (wie der Chef der Handelskette Metro festgestellt hat). Eine kleinere: »Formgedächtnislegierungen im Bauingenieurwesen – eine Vision«.

Es gibt ideelle Visionen und praktische. Eine ideelle: »Was wir im Blick auf das 21. Jahrhundert brauchen, ist eine nicht in erster Linie technisch und ökonomisch, sondern eine vor allem ethisch orientierte Gesamtschau … Eine Vision, die nicht einfach proklamiert, verkündigt, gepredigt werden soll, sondern mit Argumenten begründet werden müsste. Im Folgenden kann ich sie knapp umreißen, diese Vision, die mich getragen hat und sich für mich im Lauf der Jahrzehnte ständig ausgeweitet hat. Meine Vision für das 21. Jahrhundert nimmt in den Blick die Einheit der Kirchen, den Frieden der Religionen, die Gemeinschaft der Nationen« (der Theologe Hans Küng). Und eine eher praktische: »Wilo präsentiert eine Vision: die Pumpe am Heizkörper«.

Es gibt die zeitlosen Visionen, wie Unternehmensberater sie propagieren: »Was soll sich auf dieser Welt verändert haben, wenn Sie nicht mehr sind? Wenn Sie Ihr Unternehmen an Ihren Nachfolger übergeben? Geld oder Profit allein war noch nie ein langfristiger Unternehmenssinn. Welchen Sinn hat also das was Sie tun? Welchen Nutzen für die Allgemeinheit leisten Sie mit Ihrem Unternehmen? Wem dienen Sie? Welches Feuer brennt in Ihnen? In der Antwort auf diese und ähnliche Fragen liegt Ihre Vision. Eine Vision gibt neuen Lebenssinn und Kraft für Veränderungen.« Und es gibt solche, die sich im Nu erledigt haben: »Eine Vision hebt ab – der Cargolifter« (das tat er noch 2002).

Es gibt auch die quasi wissenschaftlich erarbeitete *Vision*, die dann der ganzen Belegschaft verordnet wird: »Nur durch partizipative Vorgehensweise kann es gelingen, Visionen zu erarbeiten, die eine echte Bindung des Mitarbeiters an das Unternehmen begünstigen. Der einzelne Mitarbeiter sollte also in der Lage sein: zukünftige Entwicklungen und deren Relevanz für das Unternehmen und die jeweilige Vision zu erkennen, diese in einer Gruppensitzung in die Diskussion einzubringen und die dann gemeinsam erarbeitete Vision auch zu verinnerlichen.«

Nach wie vor gibt es aber auch mystische Visionen: »Eine Vision ist eine kreative Kraft, die uns zeigt, was wir wirklich sind. Eine Vision ist ein kostbares Geschenk. Die eigene Vision zu suchen oder richtiger, sich von ihr finden zu lassen, braucht es keinen besonderen Grund. Doch heute hat nicht jeder die Möglichkeit, sich bei einer Lebenskrise für vier Tage alleine in die Natur zurückzuziehen, wie das bei einer traditionellen Visionssuche der Fall ist. Um im kleinen Rahmen eine innere Visionssuche unternehmen zu können, sind die VisionCards entstanden. Das Set enthält 64 VisionCards. Jede Karte ist mit einem Gedankenimpuls bedruckt, der anregt, die persönliche Vision zu entdecken, zu erkunden und anzunehmen.« Preis 23,50 Euro.

Kurz, es fehlt auch in der Neuzeit nicht an Visionen, und es ist leicht, sie zu verspotten. Aber irgendwelche über den Tag hinausreichende wohlbedachte Zukunftsvorstellungen braucht der Mensch wie die Firma. Er braucht auch ein Wort dafür, und *Vision* ist gar nicht so schlecht, denn es erinnert diskret daran, dass die betreffende Zukunftsvorstellung auch eine Halluzination oder ein bloßes Gelalle sein könnte.

### Weltstadt

»Erst nachts wird Berlin zur Weltstadt.« Das glaubt man zwar gerne, aber was ist eigentlich eine *Weltstadt*? Und wieso ist Berlin laut Grimms Wörterbuch seit 125 Jahren dabei, gerade zu einer zu werden?

Als der *Brockhaus* 1934 die Einwohnerzahl zum Kriterium und alle Millionenstädte zur *Weltstadt* erhob, gab es deren 30, und Berlin stand mit 4,2 Millionen an dritter Stelle, immerhin, hinter New York und London. Heute – Anfang 2006 – gibt es 437 Millionenstädte, und die fünf größten Städte oder vielmehr zusammenhängenden Ballungsgebiete der Welt sind Tokyo (34 Millionen), Mexiko, New York und Seoul (mit je circa 22) sowie São Paulo (20). Berlin steht mit seinen bestenfalls 4,2 Millionen auf Platz 74, zwischen Kuala Lumpur und Algier.[21]

Die Zahl bringt's also nicht mehr. Indessen haben sich mit dem Wachstum der Städte auch die Kriterien dafür verfeinert, was als *Weltstadt* (*global city*) gelten soll. *Weltstadt*, das ist heute eine Agglomeration von großer politischer, ökonomischer und kultureller Bedeutung für die ganze Welt, ein Standort für die globale Steuerung der Finanz- und Handelsströme, mit Verkehrsverbindungen zu allen Kontinenten. Acht Autoren, die sich mit der Einordnung von Städten befasst haben, waren sich darin einig, dass New York, London und Tokyo in diesem Sinn auf jeden Fall Weltstädte sind. Sieben von ihnen zählten auch Paris zu diesem illustren Kreis, Frankfurt nannten zwei, Berlin keiner. Mit einer einzigen interkontinentalen Flugverbindung ist Berlin hoch zu erfreuen.

Entweder ist eine Stadt eine *Weltstadt*, oder sie ist es nicht; dazu ernennen kann sich keine. Wer sich selbst mit einem solchen Titel dekoriert, ist kein Weltstädter. Wenn also alle, die Aktien in Berlin haben, still wären und das Wort eine Generation lang nicht mehr in den Mund nähmen, dann vielleicht, wenigstens nachts …

## wohl

Günter A., lesen wir, sei »der wohl wichtigste Drogentheoretiker im deutschsprachigen Raum«, der »das wohl beste Buch« über Drogen geschrieben habe. Dieses unscheinbare *wohl* (etwas zweifelnder hieße es *vielleicht*) – ist es ein sympathisches Eingeständnis der Unsicherheit? Möchte sich hier ein Autor nicht mit seinem eigenen Urteil vordrängen und schwächt es daher ab? Nein, der Autor tut, als überblickte er die ganze große Schar der Drogentheoretiker der Welt, könnte ihre relative Wichtigkeit einschätzen und wäre nach reiflichem Abwägen zu dem Schluss gekommen, Amendt sei der größte, wolle dies aber nicht selbstherrlich dekretieren, sondern nur bescheiden andeuten. Tatsächlich dagegen erweckt dieses *wohl* einen ganz anderen Verdacht: dass sich der Autor nicht auskennt, keine Ahnung hat, wer der wichtigste Drogentheoretiker ist, vielleicht gar keinen anderen kennt oder wenn, dann nur aus der Lektüre von Amendts Buch, dass er dies auch durchaus selber gemerkt hat, sich jedoch der Journalistenpflicht zur Etablierung klarer Rangfolgen nicht entziehen wollte. In mündlicher Rede hätte er »Ich nehme mal an« gesagt oder »Ich schätze« oder »Ich würde sagen«.

Je bedeutender die betreffende Person, desto nötiger, aber auch umso lächerlicher ist dieses schulterklopfende *wohl*. »Leibniz, der wohl größte Philosoph des siebzehnten Jahrhunderts …« – solche Urteile sollte besser nur riskieren, wer sie sich leisten kann, und der hätte dann kein *wohl* nötig.

## Zeit, Jahr, Tag, Mensch, Frage

Einer der Standardvorwürfe, die der Sprache der Presse gemacht werden, lautet, sie sei flach. Was wohl heißen soll, dass sie den Reichtum des Wortschatzes ungenutzt lässt und sich auf die geläufigsten Wörter und Wendungen beschränkt. Es ist einer jener Vorwürfe, zu denen man gewöhnlich gedankenvoll nickt. Es lohnt sich indessen, hin und wieder genauer hinzusehen.

Die CD-Rom mit den vier *Zeit*-Jahrgängen 1995 bis 1998 bietet die seltene Chance, zur Abwechslung einmal zur Empirie zu schreiten und den Vorwurf an der Wörterstatistik zu überprüfen. In diesen vier Jahren wurden in der *Zeit* 645228 verschiedene Wörter benutzt, genauer: Wortformen. Und da durchschnittlich 1,5 Wortformen auf eine Grundform kommen, so wie sie im Wörterbuch steht, auf ein Lexem also, entsprach das 430000 verschiedenen Wörtern. 58 Prozent davon kamen ein einziges Mal vor.

Sind das viele, sind es wenige? Shakespeares Wortschatz zählte etwa 25000 Lexeme, Goethes um die 80000, selbst Joyce mit seinen zahllosen einmaligen Neuprägungen kam nicht über 100000. 430000 Wörter: Selbst wenn man die vielen Namen abzieht, die eingerechnet sind, sind das mehr, als in den größten Wörterbüchern der deutschen Gemeinsprache stehen. Flache Sprache? Auf einen knappen Wortschatz kann sich der Vorwurf jedenfalls nicht berufen.

Manchen Konkordanzen lässt sich entnehmen, wie häufig ein Dichter einzelne Wörter gebraucht hat, und zuweilen liest sich eine solche Frequenzliste fast wie ein Gedicht von ihm. Trakls häufigste Adjektive: *dunkel, schwarz, blau, leise, golden, rot.* Benns Substantive: *Nacht, Blut, Stunde, Welt, Erde, Rose.* Dagegen Büchner: *Gott, Herr, Königin, Mann, Leben, Mensch* …

Und welches sind die häufigsten Wörter in einer heutigen Zeitung wie der *Zeit*? Die häufigsten Substantive waren: *Zeit* und *Jahr*; nach großem Abstand ging es weiter mit *Tag, Mensch, Frage, Welt, Mann, Politik, Ende, Staat, Wirtschaft, Buch, Frau, Mark, Gesellschaft.* Die häufigsten Vollverben: *leben, lassen, wissen, kommen, sehen, stehen, sagen, geben, gehen, finden, bleiben, fragen.* Die Adjektive: *neu, gut, groß, lange, alt, weit, natürlich, rund, klein, lang, politisch, kurz.* Die Namen: *Deutschland, Deutsche(r), Berlin, Europa, Peter, Hans, Wolfgang, München, Bonn, Frankreich, Frankfurt, Thomas.*

Bei der Gelegenheit lässt sich auch gleich noch ein anderer Vorwurf überprüfen: ob die Presse wirklich so negativ, so unfroh, so miesepetrig ist, wie ihr das nachgesagt wird. Auch diese Nachrede könnte falscher gar nicht sein. Mit fast verstörender Regelmäßigkeit kamen die positiven Begriffe öfter vor als die negativen: zum Beispiel *gut* in 8181 Artikeln, *schlecht* und *böse* aber nur in 2890. Welches Gegensatzpaar auch immer man nimmt, der positive Pol schlägt den negativen um Längen, ob nun (in der Reihenfolge der Häufigkeit) bei *Tag* und *Nacht*, *schnell* und *langsam*, *neu/jung* und *alt*, *Liebe* und *Hass*, *Hoffnung* und *Verzweiflung*, *Glück* und *Unglück*, *Licht* und *Schatten*, *Morgen* und *Abend*, *Himmel* und *Hölle*, *Lust* und *Unlust*, *Freude* und *Trauer*, *Aufbau* und *Abbau*, *lachen* und *weinen*, *Zustimmung* und *Ablehnung*, *positiv* und *negativ*, *Optimismus* und *Pessimismus*, *modern* und *unmodern*, *satt* und *hungrig*, *sinnlich* und *unsinnlich*.

Addiert man die Häufigkeiten in beiden Spalten, so kann man sogar eine Art Positivitätskoeffizienten errechnen, und dann weiß man es ganz genau: Die Presse, hier vertreten durch die *Zeit*, ist 2,46-mal so positiv wie negativ.

### Zigeuner

Wie die Dinge stehen, kann das Mahnmal, das an die Menschen erinnern soll, die im Nazistaat »als Zigeuner verfolgt« und zu Hunderttausenden ermordet wurden, einstweilen nur ohne jede Inschrift oder gar nicht gebaut werden. Denn Romani Rose, der Vorsitzende des Zentralrats der Sinti und Roma, der in Deutschland die Mehrheit der Angehörigen dieser beiden Volksgruppen vertritt, hält das Wort *Zigeuner* schon seit vielen Jahren für eine »Beleidigung und Demütigung« und lehnt es strikt ab, selbst in der historisch distanzierenden, sachlich unzweifelhaften Formulierung »als Zigeuner«, die sie ja nicht selbst *Zigeuner* nennt, sondern nur besagt, dass die Verfolger sie damals »unter der Bezeichnung ›Zigeuner‹« verfolgt haben. Die Organisation Sinti Allianz hingegen hätte gegen eine solche Formulierung nichts einzuwenden. Eine Einigung in diesem Streit um ein Wort ist nicht in Sicht.

Keine Gruppe, so lautet der versöhnliche allgemeine Konsens, muss sich unerwünschte Fremdbenennungen gefallen lassen. Jede soll am besten so genannt werden, wie sie sich selber nennt. Wenn also die Betreffenden sich lieber als *Sinti und Roma* bezeichnet sehen denn als *Zigeuner* – warum nicht? Spricht denn etwas gegen *Sinti und Roma*? Leider ja: Die Bezeichnung ist sachlich nicht einwandfrei und sprachlich nicht handhabbar.

Aber was sprach eigentlich gegen *Zigeuner*? Anders als *Nigger* oder *Polacke* war es kein Schmäh- und Schimpfwort. Erst die Nazis machten es zu einem, wie *Jude*. Die Juden haben sich auch danach nie gegen diese im Nazistaat »negativ konnotierte« Bezeichnung gewehrt und führen sie mit Stolz weiter; jede andere Bezeichnung empfänden sie wahrscheinlich als diskriminierend.

Anders die, die ein *Z* tragen mussten. Dass in vergangenen Jahrhunderten die sesshaften Bevölkerungen Europas den überwiegend nichtsesshaften Volksgruppen jener, die heute nicht mehr als *Zigeuner* bezeichnet werden dürfen, vielfach mit Reserve, Ablehnung und klischeehaften Vorurteilen begegneten, ist eine betrübliche Tatsache. Die Bezeichnung *Zigeuner* hat diese Diskriminierung jedoch nicht verschuldet. Und soziale Distanz lässt sich nicht durch eine bloße Umbenennung aufheben, schon gar nicht rückwirkend.

Die Durchsetzung der Bezeichnung *Sinti und Roma* für *Zigeuner* nimmt Tilman Zülch für sich in Anspruch, der Gründer der Gesellschaft für bedrohte Völker, der 1979 die erste große Dokumentation über ihre Verfolgung in der Nazizeit veröffentlichte.[22] Die Umbenennung war gut gemeint, aber unklug. Sie hat diese Volksgruppen praktisch unnennbar gemacht. Sie stellt das Unikum einer sprachlichen Selbstdiskriminierung dar.

Erstens, weil die Formel ein Plural ist, zu dem es ohne Spezialkenntnisse keinen benutzbaren Singular gibt. Ein Einzelner kann nicht ein *Sinti und Roma* sein, sondern nur entweder ein *Sinto* oder ein *Rom* oder, weiblich, entweder eine *Sintiza* oder eine *Romni*. Für einen Satz wie »Frau Soundsos Mutter ist eine …« fehlt das richtige Wort. Er lässt sich nicht sagen. Denn abgesehen davon, dass so gut wie kein Außenstehender diese Singularformen kennt – er kann auch gar nicht ohne weiteres wissen, welcher dieser beiden Gruppen sich ein Einzelner zurechnet, den seit Generationen in Deutschland ansässigen Sinti (auch Cinti geschrieben) oder den meist in diesem Jahrhundert aus dem Balkan zugewanderten Roma.

Zweitens ist selbst der doppelte Plural nicht umfassend genug, denn er schließt andere Gruppen dieses Volks aus, die Manusch, die Kalderasch, die Lowara, die Lalleri, die Jerli, die vom Begriff *Zigeuner* mitgemeint waren und ebenfalls »als Zigeuner« verfolgt wurden. Zum Teil fühlen sie sich von der Bezeichnung *Sinti und Roma* diskriminiert.

Aber wenn es gar kein Schmähwort war – was spricht dann eigentlich gegen *Zigeuner*? Dass das Wort vom Volk als ›Ziehgauner‹ interpretiert wurde, wie manchmal behauptet wird? Die im Grimm'schen Wörterbuch verzeichneten Volksetymologien besagen alle nur so viel wie ›Zieh einher‹, eine Anspielung auf die fahrende Lebensweise. Auch die Ableitung *zigeunern* bedeutet nur ›unstet umherwandern‹.

Die Volksetymologien, die *Zigeuner* von ›umherziehen‹ ableiten, sind natürlich so falsch wie alle Volksetymologien. Welches ist die richtige Etymologie von *Zigeuner*? Das Wort kommt von *Secan*. *Secanen* wurden die Nachkommen einer wahrscheinlich um das Jahr 900 aus Nordwestindien geflüchteten christlichen Volksgruppe genannt, die im frühen fünfzehnten Jahrhundert in Mitteleuropa eintrafen. Andere bezeichneten sie irrtümlich als *Ägypter* – ein Name, der schließlich das englische *gypsy*, das spanische *gitano*, das französische *gitan* ergab. Die Bezeichnung *Secanen* hatten sie sich auf dem Balkan selbst beigelegt. Das gleiche Wort (phonetisch ›tsigan‹) bürgerte sich entlang ihrer Route in vielen osteuropäischen Sprachen ein (griechisch τσιγγάνος, rumänisch *ţigan*, bulgarisch цыганин, ungarisch *tzigány*, polnisch *cygan*, tschechisch *cikán*), aber auch im Italienischen (*zingaro*), Französischen (*tzigane*) und Portugiesischen (*cigano*). Dabei passte es sich den Laut- und Schreibregeln der jeweiligen Landessprache an. Im Deutschen wurde es auf der Stelle zu *Zigüner* oder *Zigeuner*. Zum ersten Mal erwähnt sind sie 1417 in einer Lübecker Chronik: »… wanderde durch de land en fromet hupe volkes … Se toghen dorch de stede und leghen in deme velde … unde nomeden sik de Secanen.« Für das gleiche Jahr hieß es in einer Magdeburger Chronik: »… quemen hir to Magdeborch de Thateren [Tataren im Sinn von ›Menschen aus dem fernen Osten‹] de Ziguner genannt.«

Wie sie auf dem Balkan zu der Bezeichnung ›Secan‹ gekommen sind, ist bis heute unsicher. Die gängigste Erklärung leitet das Wort aus dem byzantinischen Griechisch ab: *athínganoi* oder dann *tsínganoi* wurden die unberührbaren Anhänger einer phrygischen Ketzersekte genannt, und von ihr soll der Name auf die rätselhaften Islam-Flüchtlinge aus Kleinasien übertragen worden sein. Eine andere Erklärung verweist auf das persische Wort für ›Musiker‹, ›Tänzer‹, *ciganch*.

Jedenfalls war es nicht der Name *Zigeuner*, der sie diskriminiert und stigmatisiert hat. Dieser war vielmehr genau das, was der heutige Konsens verlangt: die Eigenbezeichnung, an die verschiedenen Landessprachen assimiliert. In den meisten europäischen Staaten ist sie seit Jahrhunderten unbeanstandet in Gebrauch.

Nach dem heftigen Einspruch der einflussreichsten deutschen Organisation der Sinti und Roma ist er hierzulande nun jedoch ein für allemal verbrannt. Niemand, der nicht zu ihnen gehört, wird ihn je wieder gebrauchen können. Immer setzte er sich dem Verdacht aus, sie mit dieser arglosen Bezeichnung diffamieren zu wollen. Man kann nur hoffen, dass der Mahnmalstreit um die Inschrift ihre Organisationen dazu bewegt, sich das Dilemma klar zu machen und auf einen Ersatznamen zu einigen. Egal welcher, er müsste nur die beiden Voraussetzungen erfüllen, die das Wort *Zigeuner* jahrhundertelang erfüllt hat und die seine Entsprechungen in anderen Sprachen noch heute erfüllen: Er müsste für alle ihre Volksgruppen gelten und für sie alle akzeptabel sein, und er müsste sich nach den Regeln der deutschen Sprache sprechen, schreiben und flektieren lassen.

## Zumutung

Als bekannt wurde, Elfriede Jelinek werde den Literaturnobelpreis 2004 erhalten, gratulierten ihr viele, die Kulturstaatsministerin Christina Weiss mit diesen Worten: Jelineks Werke seien »eine andauernde Herausforderung und eine gnadenlose Zumutung«. Wir sind solche Töne so gewohnt, dass wir nicht einmal stutzen. Wie kann man jemanden dazu beglückwünschen, einen mit *Zumutungen* gequält zu haben? Wie kann man jemandem für seine *Gnadenlosigkeit* Dank sagen? »Danke, du hast mir weh getan«?

Nun, man weiß sehr wohl, wie es gemeint ist, es ist ja allgemeiner Konsens der intellektuellen Öffentlichkeit, geradezu ein Topos: Kunst hat *unbequem* zu sein, eine *Provokation*. An Kunst erfreut man sich nicht, dann wäre sie *kulinarisch* und *kommerziell*, man hat gefälligst unter ihr zu leiden, und wenn das Publikum dem Künstler dafür nicht applaudiert, ist der beleidigt. Je stärker der Schock, desto tiefer hat die Dankbarkeit des Publikums auszufallen. Konsequent lobte das Nobel-Komitee in seiner Preisbegründung, Jelinek habe »mit ihrem Zorn und mit Leidenschaft ihre Leser in den Grundfesten erschüttert« und »Österreich mit leidenschaftlicher Wut gegeißelt«. Sind die schwedischen Juroren Feinde von Österreich? Fühlen sie selber sich in ihren Grundfesten erschüttert? Sind sie durch die Erschütterung zu Österreich-Feinden geworden? Genießen sie Geißelungen? Ach was. Es ist nur so, dass *Schock* und *Skandal* Komplimente geworden sind, eine Art Gütesiegel in den Public Relations.

Doch schon immer hatte der Applaus, mit dem die Öffentlichkeit *unbequeme* Kunst quittierte, je *unbequemer* desto lauter, einen leichten, peinlichen Hautgout. Die Logik will, dass der Provozierte die Provokation nur unter drei Voraussetzungen goutieren kann: 1. Er ist Masochist und genießt es, verspottet, geschmäht, beschimpft, in den Grundfesten erschüttert zu werden. 2. Er nimmt die Provokation nicht wirklich ernst, sondern betrachtet sie als bloßen Gestus und legt ihren Inhalt ad acta als eine Stimme mehr im universalen Geschwätz. 3. Er nimmt den Affront nicht persönlich, weil er von vornherein sicher ist, dass nur die anderen gemeint sind, die Bösen aller Couleur, zu denen er sich selbstverständlich nicht zählt. (Im Falle Jelinek sind es sehr viele, denen er sich unendlich überlegen fühlen müsste: die Bürger, die Spießer, die Kapitalisten, die verkappten Nazis, die Klerikalen, die Österreicher, die Männer.)

Da verausgabt jemand in seinen Werken seine Wut, und egal wie gut oder schlecht sie begründet und ausgedrückt ist, er spielt jedenfalls nicht, er meint sie ernst, die Schärfe seiner Analyse und die Tiefe seines Leidens ist die einzige Rechtfertigung für seinen Affront – und die anderen stehen um ihn herum und klatschen: Gut getobt! Herrliches Geschimpfe! Echt gnadenlos! Musik! Das saß!

Eben das macht den Hautgout: dass das höchste Lob für den Provokateur gleichzeitig die tiefste Demütigung ist. Es bescheinigt ihm, dass all seine *Gnadenlosigkeit*, seine *leidenschaftliche Wut* vergeblich war. Jetzt fehlt nur noch, dass er sich für die Belobigung artig bedankt. Dann hat er zugegeben, dass alles nur Theater war. Dann ist er endgültig nur noch einer von uns.

# Anmerkungen

[1] Die Agentur ist Satelliten Media Design in Hannover, die Web-adresse ihres »Slogometer« <www.slogans.de>.

[2] »Täglicher Sprachdreck«. München: *Focus*, 11, 14. März 2005, S. 68.

[3] Theodor W. Adorno: *Jargon der Eigentlichkeit. Zur deutschen Ideologie.* Frankfurt/Main: Suhrkamp, 1964.

[4] Hans Jürgen Heringer (Hg.): *Holzfeuer im hölzernen Ofen. Aufsätze zur politischen Sprachkritik.* Tübingen: Narr, 1982.

[5] Uwe Pörksen: »Und sie fraßen alles, was im Lande wuchs«. Hamburg: *Der Spiegel*, 19/2005, S. 188–190.

[6] Die Regie führte Marvin J. Chomsky, nach einem Buch von Gerald Green. Die Erstsendung (NBC) der amerikanischen Fassung fand vom 16. bis 19. April 1978 statt.

[7] Robin Tolmach Lakoff: *The Language War.* Berkeley CA: University of California Press, 2000, S. 42.

[8] Jon Petrie: »The secular word HOLOCAUST: scholarly myths, history, and 20th century meanings«. Basingstroke: *Journal of Genocide Research*, 2 (1), 2000, S. 31–63. Erweiterte Internetfassung: <www.berkeleyinternet.com/holocaust/>.

[9] Berlin: *Der Monat*, Dezember 1978.

[10] ARD, <www.tagesschau.de>, 10. April 2005: »Der Begriff Bomben-Holocaust für die alliierte Bombardierung Dresdens im Zweiten Weltkrieg ist nicht strafbar. Die Staatsanwaltschaft Hamburg leitet kein förmliches Verfahren gegen den NPD-Bundesvorsitzenden Udo Voigt ein … Der umstrittene Begriff stand im Mittelpunkt eines Eklats der rechtsextremen NPD im Sächsischen Landtag im Januar. NPD-Fraktionschef Holger Apfel hatte die Alliierten als ›Massenmörder‹ bezeichnet und die Angriffe im Februar 1945

einen ›Bomben-Holocaust‹ genannt … NPD-Chef Voigt hatte
einen Tag nach dem Eklat in Sachsen Apfels Äußerungen in
einem Gespräch mit tagesschau.de als ›zutreffende Wortwahl‹ bezeichnet und ihm zu seinem Auftritt gratuliert. Der Begriff Holocaust treffe laut Voigt ›sicherlich auf die Vernichtung der Juden
wie auch der Deutschen zu‹. Nach Auffassung des SPD-Innenex-
perten im Bundestag, Dieter Wiefelspütz, ist die Entscheidung der
Strafverfolger ›korrekt‹. Der Begriff ›Bomben-Holocaust‹ sei eine
›verlogene, geschichtsfälschende Ausbeutung der Opfer‹. Dennoch könne die Äußerung nicht bestraft werden. Der Begriff
transportiere die Verharmlosung nur unterschwellig. ›Das tut weh,
muss aber politisch bekämpft werden.‹ … Der Präsident des Zentralrats der Juden in Deutschland, Paul Spiegel, kritisierte diese
Entscheidung: ›Moralisch habe ich dafür kein Verständnis.‹ … Für
ihn sei es ›sehr fraglich, ob Äußerungen, die klar volksverhetzend
sind, zur Meinungsfreiheit gehören‹.«

[11] Noemi Smolik: »Warum lassen wir uns das gefallen? Zum Stand
der heutigen Kunstkritik«. Bonn: *sediment – Mitteilungen zur Geschichte des Kunsthandels*, 4, 1999, S. 105–107. – Christian Demand: *Die Beschämung der Philister. Wie die Kunst sich der Kritik ent-
ledigte*. Springe: zu Klampen, 2003.

[12] Zwei relativ vollständige und seriöse Websites für den Einstieg:
<www.faqs.org/docs/jargon/> und <www.rhusmann.de/kuer
zel/>.

[13] Max Goldt: »Was schön ist und was hässlich ist«. Berlin: *Tita-
nic* 6/2005, S. 62.

[14] Volker Hauff (Hg.): *Unsere gemeinsame Zukunft. Der Brundtland-Bericht 1987*. Greven: Eggenkamp, 1988, S. XV.

[15] Thomas Mann: *Nachträge zur Gesamtausgabe*, Band 13: *Briefe aus
Deutschland*, 1923. Frankfurt/Main: S. Fischer, 1974, S. 283.

[16] Hannß Carl von Carlowitz: *Sylvicultura oeconomica Oder haußwirth-
liche Nachricht und Naturmäßige Anweisung zur Wilden Baum-Zucht.*
Leipzig: Braun, 1713, Nachdruck Freiberg: TU Bergakademie,
2000, S. 105.

[17] Manfred Bierwisch: »Erklären in der Linguistik – Aspekte und

**222**

Kontroversen«, in Sybille Kramer/Ekkehard König (Hg.): *Gibt es eine Sprache hinter dem Sprechen?*. Frankfurt/Main: Suhrkamp, 2002, S. 151–189.

[8] Robin Tolmach Lakoff: *The Language War*. Berkeley CA: University of California Press, 2000, S. 41.

[9] David Cesarini (Professor für moderne jüdische Geschichte an der Universität Southampton): »Irving v Lipstadt: the aftermath«, 2000. Im Internet: <www.channel4.com/history/microsites/H/holocaust/cesarini.html>.

[10] Uwe Andersen/Wichard Woyke (Hg.): *Handwörterbuch des politischen Systems der Bundesrepublik Deutschland*. Opladen: Leske und Budrich/Bonn: Bundeszentrale für politische Bildung, ⁴2000.

[11] Siehe <www.citypopulation.de/World.html>.

[12] Tilman Zülch (Hg.): *In Auschwitz vergast, bis heute verfolgt. Zur Situation der Roma (Zigeuner) in Deutschland und Europa*. Reinbek: Rowohlt, 1979.

**Dieter E. Zimmer**, geboren 1934 in Berlin, 1959 bis 1999 Redakteur der Wochenzeitung *Die Zeit*, bis 1977 im Feuilleton, zuletzt als Ressortleiter, danach ressortfreier Autor vorwiegend wissenschaftsjournalistischer Arbeiten. Er ist Herausgeber, unter anderem der *Gesammelten Werke* Nabokovs, und Übersetzer (Nabokov, Joyce, Borges u. a.) Buchveröffentlichungen (Auswahl): *So kommt der Mensch zur Sprache* (1986), *Tiefenschwindel* (1986), *Experimente des Lebens* (1989), *Die Elektrifizierung der Sprache* (1997), *Deutsch und anders* (1997), bei Hoffmann und Campe *Die Bibliothek der Zukunft* (2000) und *Sprache in Zeiten ihrer Unverbesserlichkeit* (2005).